ルポ　貧困女子

飯島裕子
Yuko Iijima

岩波新書
1621

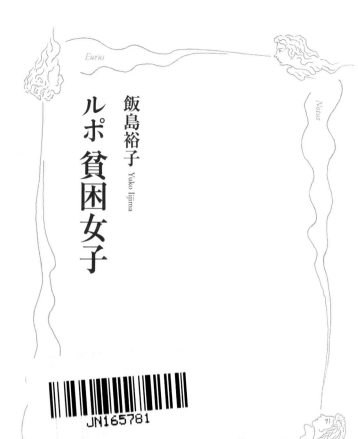

目次

序章　女性の貧困とは？

貧困女子の登場!?

二〇一一年一二月、『朝日新聞』の一面トップに「単身女性、三人に一人が貧困」という記事が掲載された。これは国立社会保障・人口問題研究所が二〇〇七年の「国民生活基礎調査」をもとに相対的貧困率を計測したもので、二〇歳から六四歳までの単身女性の三二％が国民一人当たりの可処分所得の半分未満（二〇〇七年では一一四万円未満）であるという。

六五歳以上の高齢女性及び母子世帯の貧困率はさらに深刻で、いずれも貧困率が五〇％に達しているが、この記事が出た後、にわかに注目されたのは、二〇代、三〇代の若年シングル女性だった。

彼女たちは〝貧困女子〟と呼ばれ、週刊誌やワイドショーなどでたびたび取り上げられた。「えっ、三人に一人！　無視され続けた女性の貧困問題の窮状」（『日経ビジネスONLINE』二〇一二年一二月）、「あなたの隣にもいる「貧困女子のビンボー生活」」（『FRIDAY』一二年三月）、「貧困女子と富裕女子」（『AERA』一二年四月）、「カキコミ！深層リサーチ　女性の貧困」（NHK、Eテレハートネット TV 一二年四月）など。

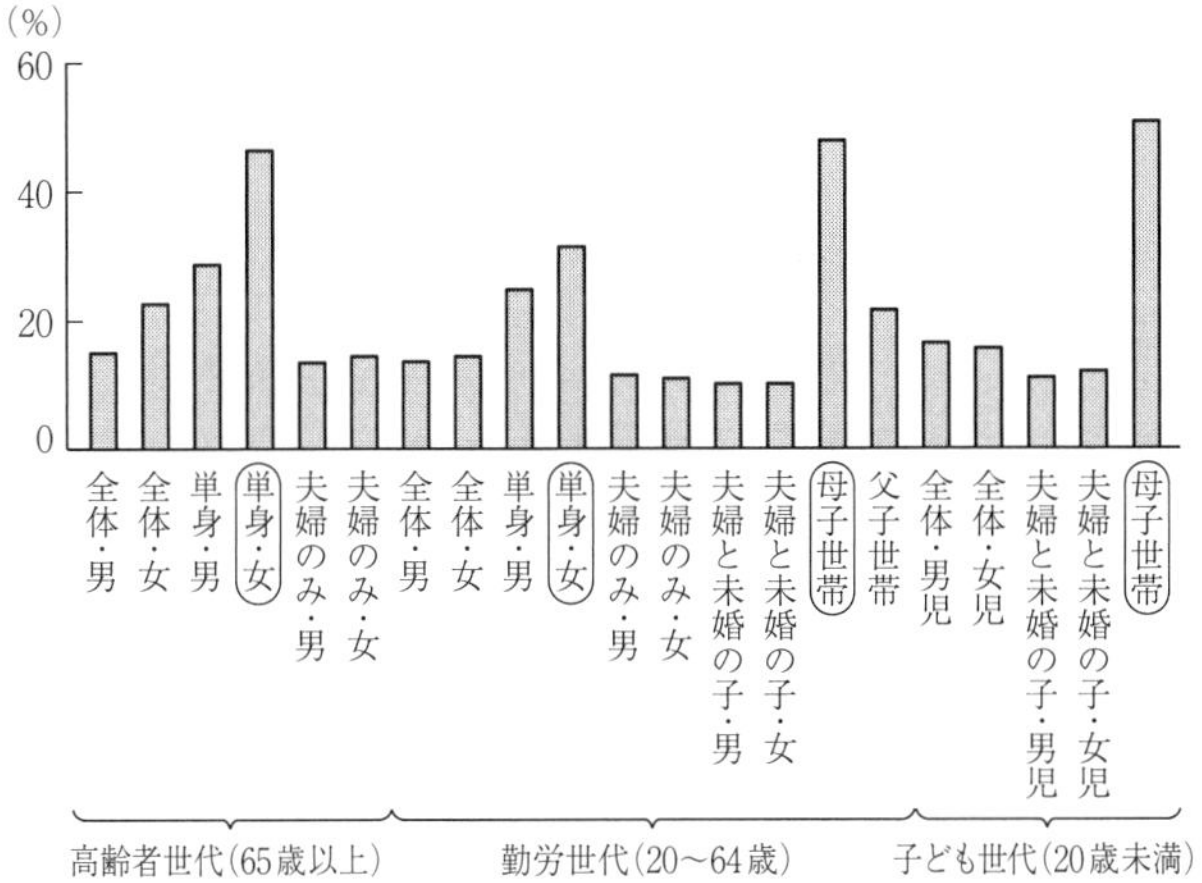

(注 1)相対的貧困率は，可処分所得が中央値の 50% 未満の人の比率．
(注 2)調査対象年は 2009 年．
(出典)内閣府男女共同参画局『男女共同参画白書 平成 24 年版』

図序-1　世代・世帯類型別相対的貧困率(2010 年)

これによって若年男性やシングルマザーに比べ、可視化されることが少なかった彼女たちの窮状が明らかになり、解決の糸口が見つかるのではないかと期待したのだが、〝貧困女子〟は一時のブームのように消費されたに過ぎなかった。その後も時折、〝貧困女子〟に注目は集まるものの、彼女たちがなぜ貧困状態に陥っているのか、構造的な問題に踏み込むことはなく、対策や支援に繋がる大きな動きもないまま、今日に至っている。

若年男性の非正規化や子どもの貧困などと異なり、女性の問題に注目が集まることが少ないのはなぜだろう？

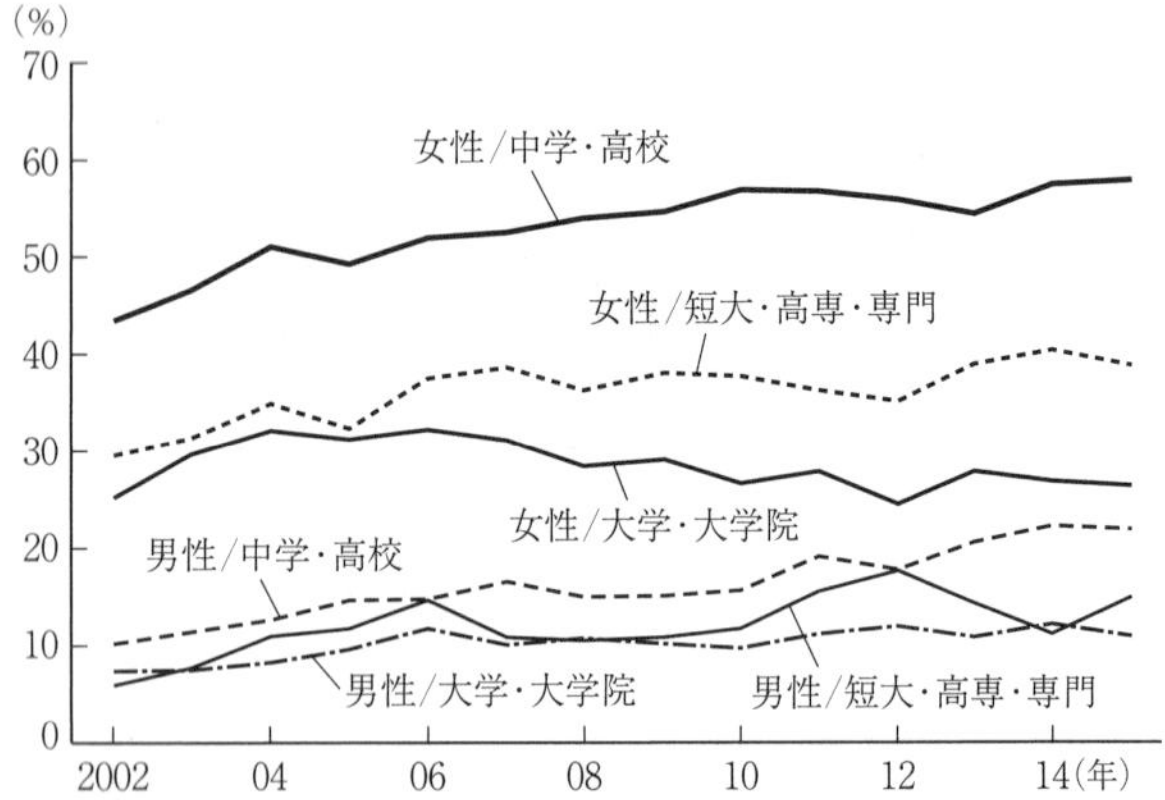

(注)非正規雇用者はパート，アルバイト，契約社員，派遣社員など正社員以外の雇用形態で働く人を指し，ここでは役員を除く雇用者に占めるその比率を示している．2011年は岩手，宮城，福島を除く．
(出典)小杉礼子「若年女性に広がる学歴間格差」小杉礼子・宮本みち子編著『下層化する女性たち』(勁草書房，2015年)

図序-2　25〜34歳男女の最終学歴別非正規雇用者比率

男性非正規インパクトの陰で

二〇〇〇年代以降、二〇代、三〇代の若者の三人に一人以上が非正規雇用という状態が続いてきた。若者を取り巻く雇用状況の悪化とそれにともなう貧困化は、広く認識されるようになっている。

メディアは、彼らを「フリーター」「ニート」「ネットカフェ難民」「ワーキングプア」「若者ホームレス」などさまざまな呼び名で取り上げてきたが、登場人物の多くは男性だった。

労働力として引く手あまたのイメージがある彼ら、将来主《あるじ》として家族を養わなければならない彼らにまともな仕事がない――そのインパクトは計り知れず、結果、深刻な社会問題として認識されるようになった。

しかし、雇用の非正規化とそれにともなう貧困化は若年女性においても同様である。一九九〇年代初め、若年女性の非正規雇用率は一〇％台だったが、その後急速に高まり、現在では四〇％台に達している。

さらに男女別で見ると、二〇一二年、若年女性（二〇〜二九歳）の非正規雇用率は四二％であり、男性の二八％に比べ、一・五倍という高い比率になっている。また男女の賃金格差は非正規雇用においても大きく、男性二二二万円に対し、女性は一四七・五万円と男性の六割程度に留まっている（国税庁「民間給与実態統計調査結果」二〇一四年）。

こうした状況が続いているにもかかわらず、若年男性に比べ、女性の貧困や雇用問題は注目されてこなかった。

なぜ彼女たちは見過ごされてきたのだろう？

若年女性の貧困が見過ごされてきたことについては、私にも忸怩《じくじ》たる思いがある。私は雑誌販売を通してホームレスの自立支援を行うＮＰＯ法人ビッグイシュー基金とともに、ホームレス状態にある若者五〇人に対して聞き取り調査をし、二〇一一年一月に『ルポ若者ホームレス』（ちくま新書）という書籍を出版している。

聞き取りを開始したのは、ちょうどリーマン・ショックが起こった二〇〇八年夏だった。年末には東京・日比谷公園に「年越し派遣村」が開かれ、住む場所がない人々が押し寄せた。製造業の現場で派遣社員として働いていたが、派遣切りに遭い、住んでいた寮も出ざるを得なくなったという人も多かった。

私も現場に行ったが、「派遣村」に来ている人の大半は男性であり、女性専用に設けられたテントに身を隠すように数人の女性がいた。年末年始にかけて「派遣村」のニュースは大きく報道され、これ以降、非正規や貧困の問題に注目が集まるようになっていく。

その後も都内で行われる炊き出しなどに出かけて若者ホームレスの取材を続けたが、全員が男性という結果になった。派遣村と同様、炊き出しなどの場で女性に出会うことはあったものの、少人数であり、若年層に出会うことはなかった。顔を隠し、目立たぬようにしている女性が多いので、年齢や性別を判別できなかったというのが実際のところだ。

全員が男性だったこともあり、出版後、「女性ホームレスはいないのか?」「女性は男性に比べ貧困に陥りにくいということか?」「性産業が受け皿になっているのではないか?」といった質問を受けることが多かった。

性被害に遭う可能性が高い女性にとって、路上にいることは大変な危険をともなう。そのため、シェルターの数が少なく容易に路上から脱出できない男性と異なり、希望すれば、婦人保護施設や母子寮などに入所しやすいことも事実だ。

二〇一四年、大阪市の職員が生活保護の相談に役所を訪れた三〇代の女性に「風俗で働けばいい」と言ったことが明るみに出て問題になった。ひどい対応にあきれるばかりだが、若い女性は性風俗産業という〝セーフティネット〟があると考えている人も少なくないのではないか。

女性が男性より恵まれているということは決してない。女性の貧困は見えづらいだけで、むしろ女性のほうが貧困率が高く、困難な状況にある——そう説明しながらも、歯切れの悪い答えしかできない自分が情けなかった。

つかみにくい女性の貧困

女性、とりわけ若年女性の状況はどのようになっているのか？　自分もまた当事者の一人という認識があった。当時の私は、三〇代／女性／フリーランスという不安定な身の上かつシングルだったからだ。ちょっとしたボタンの掛け違いでいつ自分も貧困に陥るかわからない。

そこで一〇代後半から四〇代までのシングル女性に話を聞いてみることにした。知人やNPO関係者に紹介を頼むなどして、二〇一二年夏ごろから少しずつ話を聞き始めた。

一人ひとりの状況は異なっていても、多くの人に会うことによって、共通項のようなものが見えてくると思っていたのだが、予想に反し、貧困の実態はなかなか見えてこなかった。むしろ女性たちに会えば会うほど、それぞれが抱えているさまざまな問題に引き込まれ、頭は混乱する一方だった。

不登校からひきこもりになり働いた経験がない、同居する家族との関係で悩んでいる、パワハラが原因でうつ病になり通院を続けている、相談できる人がおらず孤立している、結婚・出産をしていないことに対し周囲からのプレッシャーがつらいなど――女性たちの状況はそれぞれ深刻だ。しかし、それらは貧困や雇用崩壊といった社会構造上の問題ではなく、個人に起因する問題のように思えなくもない。

貧困は彼女たちの隣にまで来ているに違いないのだが、貧困が問題化するかどうかは、置かれた状況によって異なる。たとえば、年収が一五〇万円だったとしても、実家暮らしか一人暮らしかで変わってくる。また実家暮らしでも家族との関係は良好か、家にお金を入れているかなどによっても状況は異なる。

一方、若年男性ホームレスの場合、共通項や問題の本質は若年女性に比べて見えやすかった。前述の聞き取りをした男性ホームレスの場合、学歴が低い（半数が中卒あるいは高校中退）、幼少期から貧困を経験している、頼れる家族を持たない人が多かった。また八割が正規雇用の経験があるものの、数年で仕事を辞め、不安定な仕事を転々としていた。一度非正規になると、とりわけ学歴、職歴がない男性たちは正規雇用に就くことが難しくなる。製造業派遣や日雇い派遣などで食いつなぐが、派遣切り等により仕事を失い、寮を追い出されたり、家賃を支払えなくなり、ネットカフェ等で生活するようになるというパターンだ。

実家暮らしをしていた男性もいたが、家族に経済的ゆとりがあるわけではなく、フリーター、ニートを繰り返すような生活を送っている息子に親がキレ、追い出されるような形で家を出ている。いずれの場合も、雇用の喪失や不安定化が引き金となり、困窮し、ホームレス状態に陥っているところは共通している。

女性の場合も雇用の問題が無関係ということはない。しかし男性のように、雇用の不安定化や失業が即貧困化や住まいの喪失に結びつかないように思われる。それゆえに女性の貧困は見えづらくなる。

貧困にすらなれない女性

取材を続ける中で私はあることに気がついた。それは女性の場合、「貧困」と「不安定雇用」

はデフォルト（初期値）であるということだ。

取材対象者について、未婚で仕事が不安定（非正規あるいは無職）ということ以外、年収等の条件を設けなかったのだが、あとで集計したところ、現在無職の人はもちろん、働いている人も「ワーキングプア」と言われる年収二〇〇万円を下回っていた。これは一五～三四歳の非正規雇用で働く女性のうち、八割が年収二〇〇万円に満たないという就業構造基本調査をもとにした分析結果とも合致する。

冒頭で紹介した単身女性の貧困率だが、「ここ数年で上昇したものではなく、二〇年前から高い水準にあり、むしろ下がっているくらい」と、データを集計した首都大学東京の阿部彩さんは言う。近年拡がりつつある雇用や貧困の問題を引き合いに出すまでもなく、女性は昔から、貧困と隣り合わせだったと言うことができる。

にもかかわらずなぜその状態が問題化されてこなかったのか？　そこには戦後から連綿と続く「男性稼ぎ主モデル」がある。

冒頭の「単身女性の三人に一人が貧困」という記事が掲載された後、阿部さんのもとには反響の電話が殺到したという。

「その多くが「女性が貧困を主張するなんてけしからん」というものでした」と阿部さんは

振り返る。「女性は結婚して男性に扶養されるべき者であり、世帯主になるなんてとんでもない」という社会通念を反映しているとも言えるだろう。

実際、一九七〇年代半ばまでの日本人の有配偶者率は九五％を上回っており、シングル女性は「結婚できないかわいそうな女」や「離婚するようなけしからん女」として処理され、貧困は社会構造上の問題として把握されることはなかった。彼女たちは「例外」であり、「残余」であった（堅田香緒里「社会保障・社会福祉における排除と包摂」山森亮編『労働再審⑥』大月書店、二〇一二年）。その意識は今も基本的には変わっていないだろう。未婚者や離婚経験者に対する表立ったバッシングはさすがに少ないとは思うが、それでもシングル女性の抱える生きづらさは、「女をこじらせた問題」（雨宮処凜、「余白にひそむ「女性の貧困」」『現代思想』四〇巻一五号、二〇一二年）として捉えられ、貧困や労働の問題として把握されることは少ないのが現実だ。

男性稼ぎ主モデル

ここで「男性稼ぎ主モデル」について簡単に整理しておきたい。

「男性稼ぎ主モデル」とは、男性が主な稼ぎ手として外で働き、女性が不払い《アンペイドワーク》の家事、育児、介護など、家庭内の労働を担うモデルである。男女による性別役割分業と言い換えてもいいだろう。

良かれ悪しかれ、「男性稼ぎ主モデル」は、日本型雇用システムとともに、日本の労働と家族を形作ってきたと言える。高度経済成長期、正社員になれば、終身雇用と年功賃金が約束される、日本型雇用システムが推し進められていった。一方、雇用と賃金の安定と引き換えに、正社員は長時間労働を余儀なくされ、家庭内労働を担うことができなかった。

誰がその役割を引き受けたのか？　多くの場合、収入が少ない妻が家事主流の生き方を選ぶことになった。それは長く続いてきた家父長制の意識とも符合する。国も配偶者控除や第三号被保険者制度などによって、「男性稼ぎ主モデル」を後押しした。

それでも働く女性の数は増え続け、一九九二年には専業主婦の数を上回った。しかし、その大半はいわゆる〝主婦パート〟と呼ばれる非正規雇用であった。男性稼ぎ主による包摂が前提のため、彼女たちの労働は家計補助として捉えられ、自立に足る賃金や待遇は得られない。こうして非正規で働く女性たちは雇用の調整弁として利用されてきたのだ。

しかし、実際には非正規女性＝主婦パートばかりではなかった。時間的に非正規でしか働けないシングルマザーや単身で暮らすシングル女性の中にも、非正規雇用に従事している人は多くいた。しかし、待遇の悪さは問題になってこなかった。なぜなら彼女たちは「例外」であり

「残余」であったからだ。

女性たちが長年直面してきた雇用の不安定さ、給与・待遇の悪さなど、非正規雇用の問題が明るみになったのは、二〇〇〇年代前半、若年男性の雇用が脅かされた時だった。しかしもともと非正規が主流だった女性たちの貧困や雇用を巡る問題は見過ごされ、彼女たちはいまだ取り残されたままだ。

女性活躍推進と若年女性

ところが今、「男性稼ぎ主モデル」は崩壊に瀕している。夫候補や父親が雇用状況の劣悪化によって、〝男性稼ぎ主〟を維持することが困難になってきているのだ。こうした状況の中、「男性稼ぎ主モデル」の中で不可視化されてきたシングル女性の存在が少しずつ可視化されつつあるということができるだろう。

一方で、「貧困」と「不安定雇用」が女性のデフォルトであると書いたが、正社員女性の賃金は年々上昇し、男性との賃金格差も毎年縮小の方向へと向かっているのもまた事実だ。女性の大学進学率も飛躍的に伸び、就職して自立するのは当たり前。出産後も働き続ける女性も増えてきている。二〇一五年に成立した「女性活躍推進法」など、女性施策の重点化によって、女性総合職や女性管理職比率が上昇を続けている。

しかし人々の意識は変化し、自立を志向する女性が増えても、経済的自立に足る仕事がごく一部に限られていることは、女性の非正規雇用率の高さや賃金水準からも明らかだろう。

さらに若年女性の場合、結婚・出産といった家族形成にかかわる問題も複雑に絡み合ってくる。結婚・出産してもバリバリと働き続ける女性が増えている一方で、不安定な状況のなか、家族形成など想像すらできないという人、結婚・出産を望みながらうまくいかない人、周囲からのプレッシャーに心身をすり減らしている人などもいる。

こうした状況の中、女性の二極化が進んでいる。

結婚・出産したら仕事を辞めて家庭に入る人が大半だった時代に比べ、女性の人生の選択肢は多様化したように見える。その分、女性間の分断は進み、女性同士でも繫がることは容易ではなくなっているようだ。

インタビュー概要

本書ではインタビューした女性たちの語りを中心に進めていく。

1章、2章では、家族に着目する。経済的に不安定なシングル女性たちの多くは、実家に暮らすことで生活を維持している。しかし、家族は時にさまざまなリスクをはらむものになり得る。家事手伝いという名のもとに見過ごされることが多かった女性のひきこもりについても考えていく。

3章、4章では労働世界に目を向ける。3章では正規雇用で働いた経験のある女性たちについて取り上げる。女性の参画を後押しするさまざまな法律が整備され、賃金も上がってきた。しかし女性たちは本当に働きやすくなっているのか？ 倒れるまで働いてしまう女性たちの実態などから考えていく。4章では、若年女性の半数近くが従事している非正規雇用について見ていく。

5章では結婚・出産に関する問題を取り上げる。女性たちの抱える生きづらさは、労働や貧困だけでは割り切れない。とりわけ若年女性にとって、結婚や出産というレールに乗るかどうかは大きな分岐点になる。国を挙げての少子化対策が女性たちにどのような影響を及ぼしているのかについても考える。

6章では、女性活躍推進によって拡がる女性の分断と二極化について考えていく。女性同士、繋がることが難しい中、困難な状況にある女性たちは孤立し、それがメンタル面の不調として表面化する場合もある。

終章では、女性たちが置かれた状況をどう改善していくべきかについて考えていく。

中身に入る前にインタビュー概要について記しておきたい。

シングル女性へのインタビューは、二〇一二～一五年まで断続的に行った。対象者は、生活困窮者支援組織、労働組合、都道府県等の男女共同参画センター、知人の紹介などを通して探し、最終的に一六歳から四七歳まで、四七人へのインタビューを実施した。

本文に用いた名前はすべて仮名。年齢はインタビュー当時のものである。また、プライバシー保護のため、出身地等の基本情報を変えている場合があることを断っておく。

またインタビューした四七人のうち、①非正規雇用もしくは無業、②年収二〇〇万円未満、③就職氷河期世代（一九七二年以降生まれ）のいずれにもあてはまる女性（学生、シングルマザー除く）が三〇人いた。そこで全体像をつかむため、この三〇人を「氷河期世代」と名付け、以下に細かく見ていくことにする。

はじめに、居住形態を見ると、実家暮らしが三〇人中一八人。一人暮らしが八人、四人がシェアハウスに暮らしていた。また家族関係にトラブルを抱えている人が三〇人中一二人いた。

現在就労している人が二一人。うち派遣など有期契約だがフルタイムに近い形態で就労している人が一四人、週に数日、限られた時間だけ就労している人が七人だった。残り九人は求職中

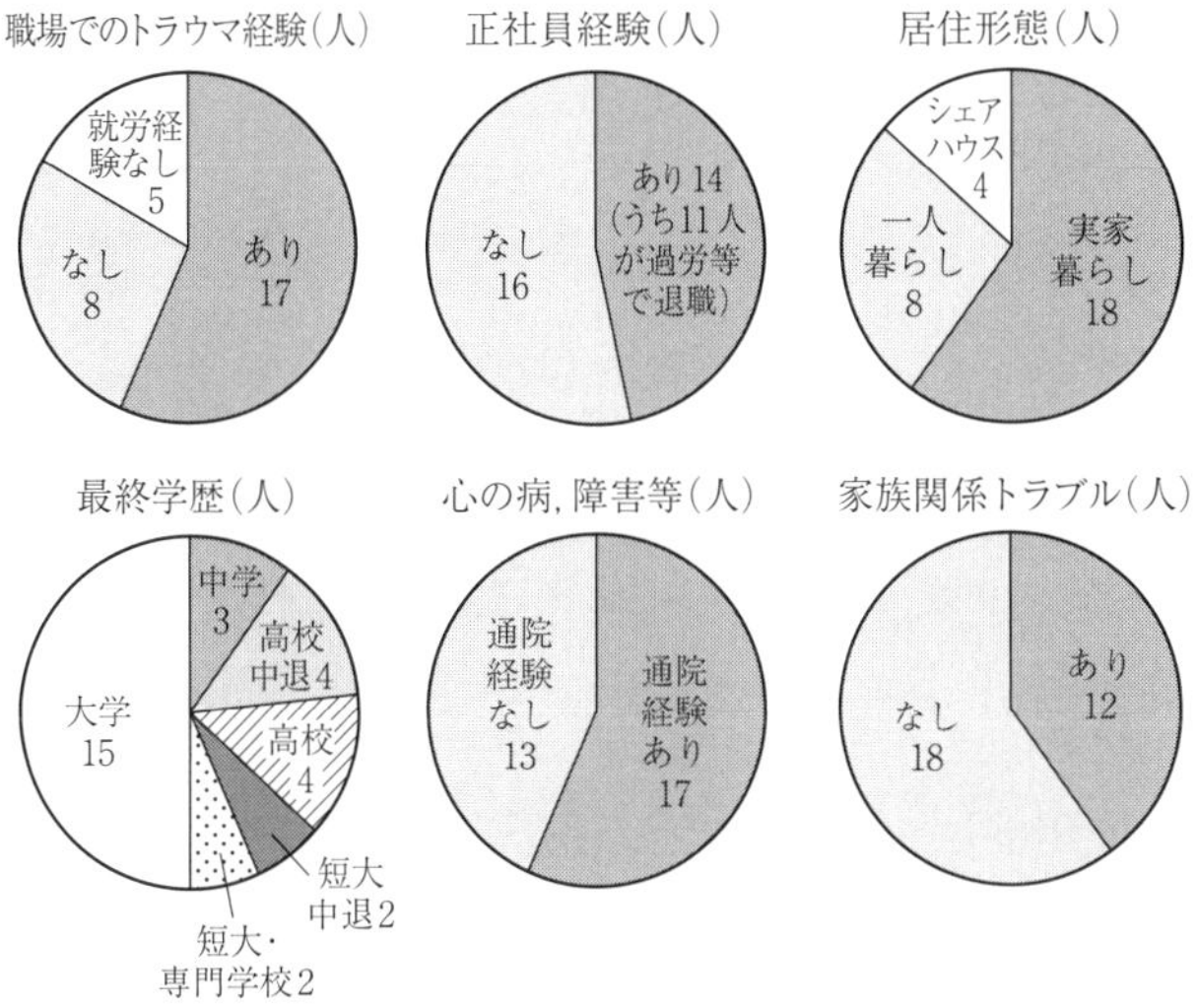

図序-3 「氷河期世代30人」の内訳

である。

就労経験については、二五人があると答えている。残り五人については、数日程度のアルバイトや職業訓練に留まっている。就労経験がある人のうち、正社員経験がある人が一四人。職場で人間関係トラブルやイジメなど、トラウマとなるような経験があった人は一七人だった。

心の病や障害などによって通院した経験を持つ人が一七人と全体の半数を超えた。五人は精神障害者手帳を取得している。

学歴を見ると、大卒一五人、短大、専門学校卒二人、短大中退二人、高卒四人、高校中退四人、中卒三人と比較的高学歴であった。

また生活保護受給経験がある人が五人。公園やネットカフェに寝泊まりするなど、ホームレス状態を経験したことがある人が五人いた。

ちなみにこの三〇人に関しては、全体像を探るために、本文中でも「氷河期世代三〇人では〜」という形で登場させるつもりだ。

1章　家族という危ういセーフティネット

実家でしか暮らせない

現在、首都圏で公立小学校の臨時教員をしている東さやかさん(二四歳)。

大学を卒業したら実家を出るつもりでいた。早くから就職活動を開始し、一〇〇社以上にエントリーシートを送ったが惨敗。ハローワーク経由でどうにか見つけた就職先は子ども向けの英語塾だった。

「正社員ならどこでも……という一心で入社しましたが、とにかく毎日忙しく、朝八時から夕方までは授業運営、夜は事務処理に追われ、終電が当たり前という状況でした」

社員一五人のうち、六人が東さんと同時に入社した新入社員だった。高い採用率と高い離職率はいわゆる〝ブラック企業〟の典型と言える。あまりに高い離職率に労働基準監督署が調査に入ったこともあったが、状況はまったく変わらなかったという。

「終電での帰宅を繰り返すうちに突然泣き出したり、感情がうまくコントロールできなくなってしまって、このままいったらヤバイと思って辞めました」

すぐに転職活動を始めたが「またブラック企業だったら……」という不安もあり、気持ちが前に進まない。半年が過ぎたころ、公立小学校の臨時教員の仕事を見つけ、応募。採用されたのだった。子ども好きの東さんにとって今の仕事は楽しく、やりがいも感じている。しかし身分はあくまでも臨時教員。手取りは月八万円にも満たないうえ、一年契約なので翌年も雇用される保障はない。

「実家暮らしでなければこの仕事は選べていないでしょう。親もまもなく定年を迎えます。夜に塾講師などのアルバイトを掛け持ちするつもりで、就職活動を始めています」

収入が低いため、実家に依存しなければ生活が成り立たない女性は少なくない。しかし、親の収入や年金にいつまでも頼ることはできないのもまた事実だ。

山口多恵さん(三〇歳)は大学卒業後、ダンサーになりたいという夢を追うため、実家に暮らしながらアルバイトで生活を維持してきた。ダンサーとしては舞台に定期的に出演し、順調なキャリアを重ねていたが、数年前、不景気のあおりをうけ、父親の仕事がうまくいかなくなったという。収入を頼りにされるようになった山口さんは、スーパーと飲食店でのバイトを掛け持ちすることになった。

最大のセーフティネットであったはずの実家はあっという間に崩壊寸前となってしまったのだ。

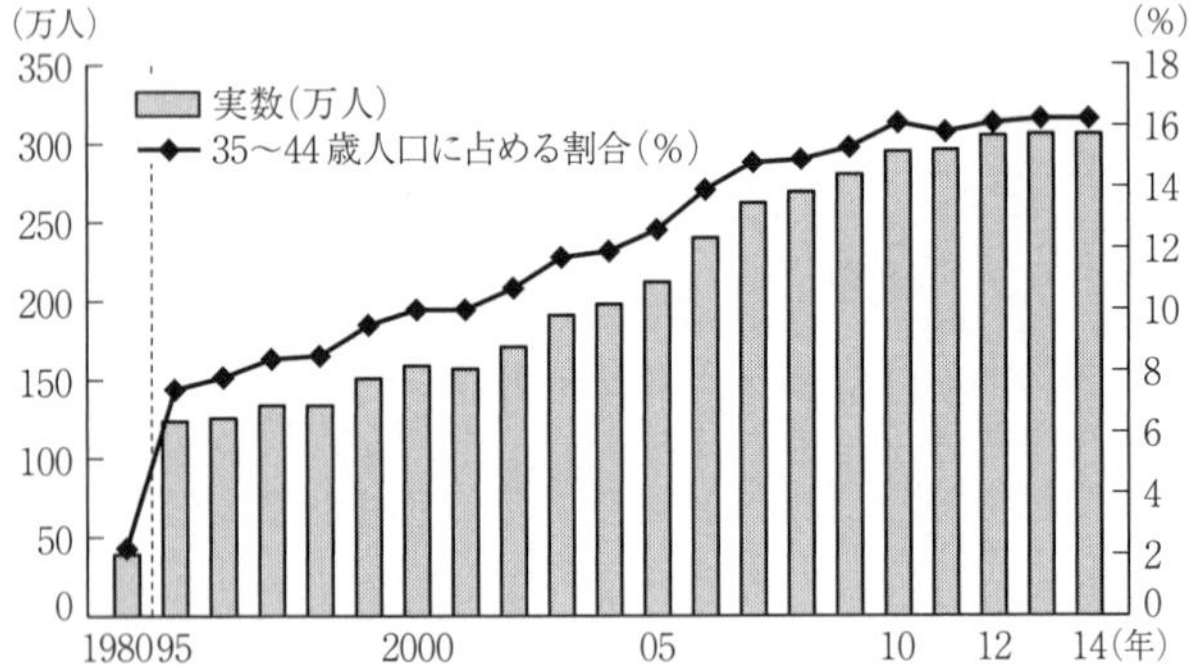

(注)各年とも9月の数値である.
(資料)総務省統計研修所 西文彦「親と同居の未婚者の最近の状況」

図1-1 親と同居の壮年未婚者(35〜44歳)数の推移
全国(1980, 1995〜2014年)

「バイト歴が長いのであてにされることが多く、長時間シフトになってしまう。収入が上がるからいいと早朝から深夜まで働いていましたが、ダンスとの掛け持ちでフラフラになり、不眠の症状が出始め、病院に行ったらうつ病と診断されました」

ダンスは休まざるを得ないが、収入を減らすわけにはいかないので、今もバイトは続けている。

「都内の家賃を考え、交通の便利な実家に居続けてきましたが、まさかこんな事態になるとは……。甘かったと言われたらその通りですね。先のことを考えると不安で仕方ありません」

シングル男女のうち、親元で暮らす人の割合は七割を超える。その割合は年々増えつつあり、特に三〇代後半〜四〇代前半においては、一九八〇年に五〇万人近かったものが、二〇一二年には三〇〇万人を超えるに至っている(図1―1)。

さらに所得階層別に見ると、低所得の若者ほど、実家に住んでいる比率が高いことがわかる。経済面、生活面すべてを親に依存する〝パラサイト・シングル〟や優雅な独身ライフを謳歌する〝独身貴族〟とは異なる層であることが想像できるだろう。

二〇一四年、ビッグイシュー基金は、年収二〇〇万円未満の若年シングル男女(四〇歳未満、学生は除く)の住まいに関する調査を実施した(有効回答数一七六七人)。そのうち四人に三人(七七%)は親と同居していることが明らかになった。就労形態を見ると、正社員は八%に留まり、無職三九%、パート・アルバイト三八%、契約・派遣社員九%、自営業・自由業六%と続く。

この結果からも仕事が不安定な若者にとって、親との同居が表向きにはセーフティネットとして機能していることがわかる。「親の家があるから働こうとしないんだ」「いつまでパラサイトする気だ」といった批判の声もあるだろう。しかしこの調査では、親をはじめ同居家族との関係についてまで知ることはできない。

パラサイト・シングルの凋落

同調査では、親との同居率は男女でほとんど変わらなかった(男性七八・四%、女性七六・

四%)が、年収二〇〇万円未満の若年男性の八割近くが親と同居しているという事実はインパクトがあるだろう。

凶悪事件の容疑者が「無職」「若年男性」「実家暮らし」であった場合、彼らと家族に対する強烈なバッシングが吹き荒れることがある。実際、事件と関係なくても容疑者として真っ先にマークされる場合があるという。安定した職に就かず、実家に暮らしている若年男性に対するネガティブな印象は強く、それだけで犯罪者扱いされかねない現実があるのだ。

一方、女性は男性に比べ、無職であることや実家に住んでいることに対して社会の批判にさらされることは少ない傾向にある。かつては「実家に住んでいること」を好ましい条件と捉え、それが就職や見合いの条件になることすらあった。金融機関などでは、〝横領〟を防ぐため、「身持ちのいい実家暮らしのお嬢様」が理想だったという——その発想自体、女性蔑視そのものであるが——そんな時代がつい最近まであったのだ。また無職であっても、「花嫁修業」や「家事手伝い」として片付けられ、問題視されることはなかった。

バブル期以降、経済的にゆとりのある独身OLたちは、ファッション、旅行、飲食などに費やす金額が最も多い、可処分所得の高い存在として脚光を浴び、マーケティングやコマーシャルの世界でも常に中心的存在であった。

一九九七年には社会学者の山田昌弘が、学校卒業後も親と同居する独身男女を「パラサイト・シングル」と名付けた。親を宿主として寄生し、経済的に依存。料理、洗濯、掃除といった生活全般を頼り切っている人もいる。結婚した場合、親元にいる時と同等の生活水準を維持できないため、それが未婚化や晩婚化に繋がっているのだと批判された。

しかし、冒頭で紹介したように、今や優雅なシングル・ライフを謳歌するためではなく、経済的に一人暮らしを維持できないため、実家に住まざるを得ない人が増加。親の経済的困窮や介護の必要性などから、同居を選択している人も少なくない。いわゆるパラサイト・シングルの数は増加の一途をたどっているが、その存在と言葉の持つ意味合いは大きく変化してきているのだ。

男女とも、未婚化、晩婚化が進んでいる。九〇年代、五%台で推移していた女性の生涯未婚率は、二〇一〇年には一〇%(男性は二〇%)台に達している。女性の初婚年齢も上がっており、一九八〇年に二五・二歳だった女性の平均初婚年齢は、二〇一四年には二九・四歳まで上昇している。

「いずれ結婚して家を出るだろう」と思われていた未婚女性たちは、三〇歳を過ぎても家を出ていかない。未婚化、晩婚化を背景に実家暮らしがかつてないほどに長期化、無期限化している。その結果、親をはじめ、実家に暮らす家族との関係がうまくいかなくなるケースも少なくない。それでもほかに行き場はなく、実家といういびつなセーフティネットにしがみつかざるを得ない女性たちもいる。

実家は針のむしろ

派遣社員の羽鳥たまきさん(三六歳)は両親と妹の四人で暮らしているが、家族との関係がうまくいかず、思い悩んでいる。正社員の仕事を求めて就職活動中だが、なかなか採用に繋がらない。

「今の世の中、一度非正規になってしまうと簡単に正社員には戻れません。三五歳を過ぎたころから一段と厳しさを感じるようになりました」

羽鳥さんは理系の大学を卒業し、設計事務所に総合職として入社。東京の事務所で、男性と肩を並べて働いていた。しかし、残業で毎日終電で帰るような生活にメニエール病を発症して退職。その後、事務やコールセンター等の派遣、デザイン会社、映像関係の技術職など、さまざまな職場で働いてきた。しかしいずれも、契約満了や上司からのパワハラ、統廃合によるリストラなど、数年で辞めざるを得なかったという。現在働いている派遣事務も半年契約で入ったが、部署の閉鎖が決まったため、契約が短縮されてしまった。

仕事が途切れてしまう期間が一番つらいと羽鳥さんは言う。

「親が厳しくて、とにかく家にお金を入れろと言われます。妹にまで「私はちゃんと入れているのに不公平だ」と責め立てられて……。仕事が切れた時は、スーパーのデモンストレーションの日雇いバイトをして家に入れるお金を作っています」

仕事がない期間は日中も家にいるしかないが、針のむしろ状態で心休まることがないと言う。

「母からの干渉がきついんです。外で働け、家にお金を入れろというわりに、就職活動で帰りが遅くなったりするとものすごい勢いで怒る。少し前に、ふさぎこんでばかりではいけないとマラソンを始めたんです。母は最初は応援してくれていたのですが、ある日突然、「いい年して嫁にも行かず、仕事もせず、実家にいる人間がマラソンだなんてみっともない。すぐにやめなさい」と言いだして……」

突然態度が豹変する母のことが子どものころから怖くてたまらなかった。母との関係に悩み、ついにはめまいや吐き気で自室から出ることも困難になった羽鳥さんは心療内科を受診。医師に実家からの独立を勧められたという。

「ずっと前から家を出たい、母から離れたいと思ってきましたが、途切れ途切れの派遣しかない現状では一人暮らしをすることはできません。それでも何でも飛び出してしまえばいいのでしょうけれど、一度も実家から出たことがないので不安が先に立ってしまうんです」

暴力から逃げ出して

両親と実家に暮らしていた小谷ゆきさん（二七歳）は長年、父親からの暴力の恐怖に怯えながら暮らして来た。暴力は小谷さんがイジメを受け、不登校を繰り返すようになった小学四年生のころから始まった。高校教師の父親は不登校を許さず、力ずくでも学校に連れて行こうとしたという。欠席が増えたことから勉強が遅れ、成績が下がったことも父親の逆鱗に触れた。

「体中を殴られたり、階段から突き落とされたこともありました。大人になってからは暴力は減りましたが、父親に対する苦手意識が強く、軽く触れられるだけでも心臓が締め付けられるみたいに苦しくなるんです」

母親は父親の度を越した〝しつけ〟に意見することはなかったという。

「『お前のような人間は早くから技能を身につけないとダメだ』と言われて、私の希望は何も聞かず、ヘルパー二級の資格が取れるという高校に願書を出させられました」

高校に入学したものの、また不登校がちになり、結局資格が取れないままギリギリの出席日数で卒業することになったという。

「さらに干渉は続き、今度は「パソコンの資格を取れ」と短大行きを強制されました。でも私の頭ではついていかれず、何の資格も取れずじまい。卒業証書だけは得ましたが、定員割れがひどかったみたいで、今はもうその短大、閉校しています」

成績がギリギリで卒業見込みが立たなかったこともあり、就職活動をまったくしていなかったという小谷さん。

「今度は親が家の近所のコンビニのオープニングスタッフ募集のチラシを持ってきました。ほかに選択肢がなかったので、そこで週五日働くことになったんです」

開店当初は繁盛していた店も、徐々に売り上げが落ち込み、小谷さんは二年ほどで人員整理の対象となってしまう。

「次を探しましたが見つからず、日雇い派遣の会社に登録して、働くことにしました。街頭でのティッシュ配りとか、看板持ちとか、そういうのをよくやっていましたね。あとは携帯の組み立て工場で働いたりもしましたが、スピードが遅いとクビになりました。日雇いの場合、仕事が毎日あるわけではないので、見つからない時は、自宅にひきこもっているしかありません」

そんな状況を両親がよく思うはずもなく、言葉による暴力と干渉が日に日にエスカレートしていったという。ある日、小谷さんは家を出る決意をした。

「もうこんな生活はコリゴリだと荷物をまとめました。貯金がほとんどなく、このままいったらホームレスになるとか……そういうことを考える余裕すらありませんでした」

しばらくはネットカフェやマンガ喫茶、カラオケ店などで過ごしたが、貯金が底をついてからは公園で過ごすこともあったという。

「誰かに助けて欲しかったけど、警察に行って無理やり実家に帰されるのが怖かった。DVシェルターみたいなものがあることは知っていましたが、結婚していない自分は利用できないと思っていました」

通りすがりの男性が指を数本立てて来て、「これでどう?」と言われることもあったという。

「お金と寝床が欲しかったので一緒にホテルに行きました。シャワーを浴びている間に逃げられて、お金をもらえなかったこともあります」

小谷さんは野宿していた公園にやってきたホームレス関連団体の支援者によって救われた。父親から受けた暴力などこれまでの経緯を細かく話したところ、役所に同行し、生活保護申請を手伝ってくれたという。彼女を見つけたのがその支援者だったから良かったが、別の人だったら、実家に帰るよう促された可能性も十分あっただろう。

「エスカレーターに乗れない、ガスコンロが怖い、不安感が強いなどの症状があり、今は精神科に通っています。お医者さんからは、学校でのイジメとか、親との関係性とか、野宿生活とかいろんなことが関係して今の症状が出ているのだと言われています」

最近、就労訓練をスタートさせ、生活のペースをつかみはじめているという。

「今も怖い夢をみてうなされることがあります。生活保護が削減される方向に進み、「親のもとに帰れ」と言われたらどうしようと考えると不安でたまりません」

小谷さんのほかにも身一つで実家を飛び出した経験がある女性は少なくない。「氷河期世代三〇人」のうち、五人が公園やネットカフェに寝泊まりするなど、事実上のホームレス状態を経験している。五人とも実家に暮らしていたが、同居家族からの精神的、肉体的暴力などが原因で家を飛び出している。数日から数か月を外で過ごした後、家族に連れ戻された人、支援者に出会い生活保護を申請した人、役所に相談しシェルターを紹介された人など、さまざまだ。

屋外で夜を明かすことはいろいろな危険をともなう。さらに女性となれば、犯罪などに巻き込まれるリスクに加え、性的被害を受ける可能性が高く、大変に危険だ。それでも家を飛び出す彼女たちは、まさに〝決死〟の覚悟であることがうかがえる。

街を彷徨うホームレス女子

たとえ〝決死〟の覚悟が必要であっても、成人してさえいれば、実家に無理やり連れ戻されることはない。しかし、未成年の場合、〝家出〟として処理され、親元に戻されてしまう場合がある。

高校二年生の立花しほさん(一七歳)は、父親からの性的虐待に耐えかねて、家を飛び出した。実家のある群馬から向かったのは渋谷センター街。

「夜も人通りがあるし、私みたいな若い子もいるんじゃないかと思って……。詳しい事情はお互い話さないからわからないけど、同じように帰る家がない女の子たちがいて、一緒に朝まで過ごしました」

ネットカフェに泊まったこともあったが、大きな声を出す男性がいて怖くて眠れなかった。両親は幼いころに離婚。父と祖母、弟と暮らしていたが、性的虐待については祖母にも話したことがなかったという。

「一度、勇気を出して担任の先生に話してみたんです。そうしたら真剣に聞いてくれて、父親が学校に呼び出されました。でも父親は私の虚言だ、大人を困らせたいだけなんだって言い張って……若い先生は言いくるめられてしまったんです。もう誰に相談しても無理なんだってわかったから、家族が留守にしている時を見計らって家を出て来ました」

身も心もボロボロになり、夜の街を彷徨《さまよ》っていたところ、NPOの支援者に出会い、保護されたのだった。しかし未成年の立花さんが父親と完全に離れるには、「親権停止」を家庭裁判所に申し立て、認められなければならない。まだまだ長く厳しい道のりが待っている。

それでも弁護士や支援者の献身的な努力によって、自立支援ホームに入所が決まった立花さん。今は落ち着きを取り戻している。高校は休学中だが、いずれ復学し、夢だった看護師を目指したいと前を向く。

渋谷センター街や新宿歌舞伎町などの繁華街には、明け方まで街にたむろする若い女の子たちの姿がある。深夜のファストフード店では、キャリーバッグなどの大量の荷物を抱え、厚化粧しているが一〇代にしか見えないような若い女の子たちが夜を明かしている。

終電を逃したのか、ホームレス状態なのか、一見しただけではわからないが、長い間家に帰っていない女の子たちも少なくない。単なる非行や家出のたぐいと考える人もいるだろう。しかし頼れる場所がなく、何か月も街中をさまよい、危険に巻き込まれる女性もいる。なぜ彼女たちはホームレス状態に陥ってしまったのか？

佐倉しおりさん(二七歳)は、父親と激しくぶつかったことをきっかけに家を飛び出し、実家のある三重から渋谷へやって来た。四人兄弟の末っ子として父子家庭で育った佐倉さんは、母親を小学校に上がる年に自死で亡くしている。佐倉さんが第一発見者だった。

「もっと早く見つけていたらという気持ちが今でもあります。あたたかい食事とか、整った部屋とか、普通の家庭に当たり前にあるようなものがうちにはなかった。思春期になるとそんな家がたまらなくイヤになり、父親との関係も悪化していきました」

仕事と家事、四人の子どもの子育てに忙殺されていた父親は、佐倉さん一人に構っている時間はなかったのだろう。佐倉さんは、高校中退後、アパレル販売、パン工場などで働いたが、いずれも数か月で退職。配送業で働く父親は収入が不安定なこともあり、仕事が長続きしない彼女につらくあたっていたという。家を出たのは一か月ほど働いた清掃会社を退職した直後だった。

「最初はネットカフェで過ごしていましたが、お金がなくなると渋谷の街をフラフラしていました。街に立っていると男性に頻繁に声をかけられるんです。それで〝ワリキリ〟をするようになりました」

若い女性たちは援助交際のことを、「割り切って付き合う」という意味から〝ワリキリ〟と呼んでいる。ホテルに行くこともあれば、男性の家に行くこともあった。

「ある時、声をかけてきた男性と交渉していたら、なんとその男、覆面警官だったんです。そのまま補導されてしまいました。そんなことがあってからはネットの掲示板で相手を探すようになったんです。怖い目に遭ったこともありますが、そのまま居候させてくれるやさしい男性もいました」

しかし佐倉さんは、不特定多数の男性との関係を続けるうちに、精神のバランスを崩すようになる。

「自分のやっていることがものすごく汚いことに思えて、「私は心も体も全部穢れてしまった、もう何をやっても元に戻れないんだ」という激しい自己嫌悪に陥るようになりました」

そんな自分を罰するかのように、佐倉さんはリストカットを繰り返すようになる。救急車で運ばれるほどの大出血をし、入院したことを機にいったん実家に戻るが、その後も〝ワリキリ〟を完全に止めたわけではない。

「今は父親とも距離を取りつつ、何とかうまくやっています。ワリキリを続けているのは、お金のためというより、心の寂しさを埋め合わせるためと言ったほうがいい。私、ものすごい寂しがり屋だからワリキリ目的でも、たとえ一時でも、やさしくされるだけでいいやと思ってしまう自分もいるんです」

実際、佐倉さんは〝心やさしい〟男性や〝自分を慰めてくれる〟男性からはお金を取らないこともあるという。貧困を脱するために〝ワリキリ〟をし、目的を達したら止める――そう簡単にいけばいいが、現実はそう単純ではない。佐倉さんのように心に深い傷を負ってしまう女性も多いのだ。

家庭に居場所がない

高校三年生の有賀ゆりえさん（一七歳）も帰る家がなく、男性の家を転々とした経験がある。もともと友人も多く、活発だったが、父親のＤＶが激しくなったころから、生活が暗転。母親とともに親戚の元に身を寄せたものの、そこに彼女の居場所はなかった。その後、有賀さんは友人宅を転々とするようになる。

「友だちのそのまた知り合いの家がたまり場みたいになってて、狭い部屋に何人もの男女が入れ替わり来てた。けど三か月ほどその家にいたらいきなり五万円の家賃を請求されて……。それを払うために援交した。友だちの家も行き尽くしちゃったから、その後はワリキリで知り合った男性の家に泊めてもらったりして過ごしてた」と有賀さんは振り返る。

ワリキリ相手はネットを中心に探すが、常に危険と隣り合わせだ。指定の場所に行ったら男が複数いて、レイプされそうになったこともある。その事件があったころから、精神的に不安定になっていった有賀さん。母親から紹介された精神科でうつ病と診断された彼女は、精神安定剤と睡眠薬が欠かせなくなっていく。

「つらいことがあると薬を大量に飲むようになってた。友だちからもらったわけわかんない薬とか手元にあった安定剤とかごちゃまぜにして飲んだら意識が朦朧《もうろう》としちゃって、フラフラな状態で外に出たら、警察に捕まっちゃった。ワリキリで補導されたことがあったからなのか、短期間だけど鑑別所に入れられました」

実は彼女がワリキリをしたのは、家出した時が最初ではない。高校に入学したころ、とび職だった父親はケガで仕事ができなくなる。その後、タクシー運転手を始めたものの、収入が安定せず、家で暴力を振るうようになった。そんな状況からうつ状態になり、精神科に通い始めた母親は子どもの面倒を一切見なくなったという。

「食事を作ってくれないのは当たり前。だからいつもコンビニとかで買って食べてた。授業料は口座引き落としで大丈夫だったけど、それ以外のお金、通学定期代とかお昼代とか、すべて自分で何とかしなきゃならなかった。最初はファストフード店で働いてたけど、割が悪くて、途中からワリキリもやるようになった。キャバクラとかデリヘルで働ければ良かったんだけど一八歳未満は働けない。今は一八歳未満を雇った時の罰がめちゃくちゃ厳しいから、年齢をごまかすことはできないんだよね」

お店に所属できない彼女たちは、街頭やインターネットで個人として〝お客〟を探すことになる。青少年を保護するための規制が裏目に出た形だ。その結果、計り知れないほど多くの危険に遭遇することになってしまう。

現在は母親が暮らす親戚宅に戻っているが、居心地が悪く、プチ家出を繰り返しているという。

「一八歳になるのが待ち遠しい。夜中に出歩いても捕まることはないし、仕事の可能性も拡がるから。昔、家の問題を保健室の先生に聞いてもらったことがあって、だから私もそういう職業に就きたいなっていう夢はあった。でも今はとにかく家を出て、経済的に安定するほうが先だと思っている」

関係性の貧困

安心できる居場所がなく、家出を繰り返している少女たちは多い。

彼女たちを支援する団体「Colabo」の代表を務め、『難民高校生』(英治出版、二〇一三年)などの著書がある仁藤夢乃さんは、高校時代、ひと月のうちほとんどを夜の街で過ごしていた。華やかな化粧に派手な服装をしている彼女たちは一見、ホームレスとは対極にあるようだが、居場所を求めて夜の街を彷徨う心境はまさにホームレスと同じと仁藤さんは言う。お金を得るため、援助交際やデートクラブで働く女の子も後を絶たない。仁藤さんもメイド喫茶で働いていたことがあった。

「ある時、店のマネジャーから、個別にお客を紹介するから相手をしてみないかと言われたことがあります。これはヤバイと思って断ったけど、メイド喫茶の経営者がソープランドの経営者と同じで女の子を使いまわしているとか……普通にあることなんです。そういう店のスカウトの男性ってすごくやさしくて細やかだから、簡単に信頼してしまう。「ワリキリだけはしない」と決めていても、コロッと騙されて、気がついたら個人売春をさせられていたという話をよく聞きます」

かつて路上が中心だった援助交際の舞台は、取り締まりの強化やスマートフォンの普及によって、ネット上に場所を移している。最近は若い女性たちに馴染《なじ》みやすいSNS(ソーシャル・ネットワーキング・サービス)を使い、言葉巧みに誘い込むケースも少なくない。警察も目を光らせているが、密室化、個人化しているため、取り締まりが容易ではないのが現状だ。

学費を稼ぐためワリキリを始めた有賀さんのように、彼女たちの背景には世代間にわたる貧困が存在する場合が圧倒的に多い。一方で、実家は経済的に恵まれており、表向きには問題を抱えているようには見えない女の子たちもいる。

「私立の一貫校に通っているとか、お父さんが大手企業の部長だとか、そういう子もいました。私も実家は経済的に困っていなかったけれど、両親の仲が最悪で、私の居場所はここにはないといつも感じていました。貧困ってお金がないだけじゃないって言われるけれど、私たちが陥っていたのは、まさに〝関係性の貧困〟なんだと思う」(仁藤さん)

信頼していた大人に裏切られ、家にも学校にも居場所がないと感じる女の子たちは孤独を抱え、街を彷徨う。彼女たちの心の隙間に入り込む〝やさしい〟男たち。安定した関係を求めていたのに、セックスやお金目的の関係と知ってさらに傷つき、自傷行為に走ったり、心を病んでしまう。

物質的な貧困ならお金や物によってすぐに埋め合わせることができる。しかし安心できる居場所がなく、信頼できる関係を持つことができない、「関係性の貧困」は根が深く、容易に埋め合わせることはできない。髪や爪をキレイに整え、派手なメイクをした女の子たちは〝貧困〟とは無縁と思われがちだ。しかし、顕在化しづらいからこそ、危険に遭遇する比率は高くなり、問題は深刻になっていく。

同棲の落とし穴

女性の場合、実家で家族と暮らしているとその中に潜む問題はほとんど可視化されることがない。これは男性と同棲している場合も同様だ。

ここ数年、同棲する男女の数は増加している。リクルートブライダル総研の調べによれば、結婚が決まる前から同棲していた人は、二〇〇八年で一六・三％だったものが、年々増え、二〇一二年には二七・三％にまで増加している。首都圏で見ると比率はさらに高く、二〇一二年では三二・五％に及ぶ（図1-2）。結婚に至ったカップルに対しての調査のため、同棲経験の有無でたずねればこの数値はさらに上昇するだろう。

しかし、最近の同棲は、いわゆる「結婚前のお試し期間」から、「同居人の延長」へと変化してきているようだ。家賃をはじめとする生活費を折半することで得られる経済的メリットゆえに、同棲を選択するカップルが増えているということができるのではないか。これは、家賃の高い首都圏での同棲率が有意に高いことからも推測できる。

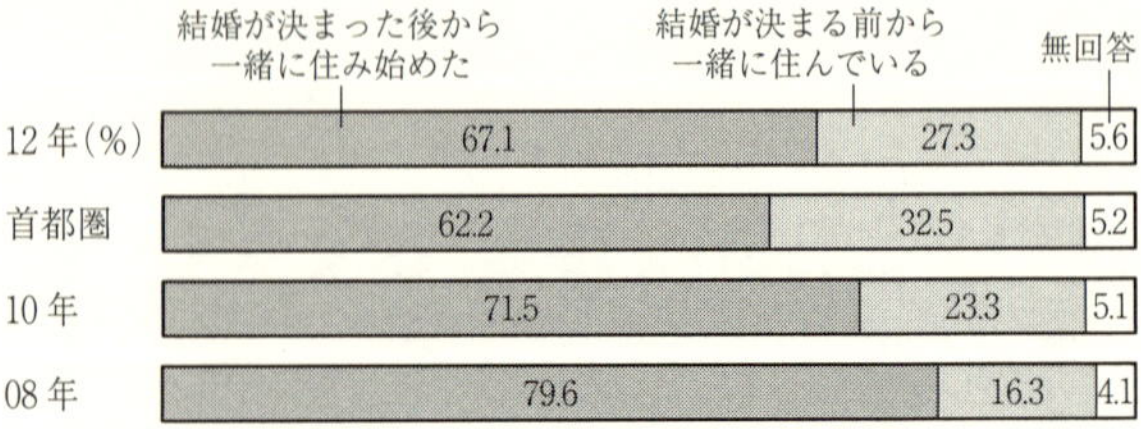

(注)結婚または結婚予定があった首都圏，東海，関西の『ゼクシィ』等の読者をランダムサンプリングし，調査票を郵送して実施．いずれも推計値であり，2008年の全体集計は各地域のサンプルをそのまま積み上げた集計値である．
(出典)リクルートブライダル総研

図1-2　新居に一緒に住み始めた時期

同棲経験があるシングル女性に話を聞いたが、いずれも賃金が安く、一人暮らしをするには困難であったという消極的理由から、付き合っている相手との同棲を選んでいる。

金沢陽子さん(三六歳)は、一緒に福祉関係のNPOを立ち上げた男性と八年近くにわたり、同棲していた。大学在学中、父親と折り合いが悪くなった金沢さんは家を出て、一人暮らしを始めた。秘書やホステスなど、複数の仕事を掛け持ちしながら、学費と生活費を稼いでいたが、大学の福祉関係のサークルで知り合った男性と付き合い始めたことを機に、一緒に暮らすことになったという。

「とにかくお互い貧乏だったので、すぐに同棲を始めました。若く希望に燃えていた私たちは、自分たちで理想のNPOを立ち上げようということになったんです。でも最初はまったく軌道に乗らず、水道代や光熱費さえ滞納するような生活。私がお弁当屋さんでバイトした収入で何とか暮らしていました」

ＮＰＯは自治体や企業などからの助成金で運営が賄われる部分が大きいため、どうしても収入が不安定になる。ギリギリの先が見えない生活の中、二人の関係は徐々に冷めていった。それでも一から立ち上げたＮＰＯは自分の子どものようなもの。二人の間に険悪なムードが漂っているにもかかわらず、引っ越すことは考えられなかったという。

「彼はワンマンでモラハラ的なことがたびたびあり、このままいたら私が精神的にどうにかなってしまうと思って、悔しいけれどほとんどの権利を放棄して、家を出ることにしました」

ようやく軌道に乗り始めたＮＰＯをすべて彼に持って行かれ、仕事も住居も失う形になってしまった金沢さんだったが、今は非正規ながらもＮＰＯ立ち上げで培った経験を生かした、やりがいのある仕事に就いている。

金沢さんの場合、身体的暴力を受けることはなかったが、同棲相手からのＤＶがあっても頼れる人がおらず、お金もないため、耐えるしかないという女性もいる。一〇年以上同棲した末に、「別の女性と結婚するから」とカバン一つで追い出され、ホームレス状態になったところをＮＰＯ関係者に発見されたという人もいた。法律婚であれば慰謝料を請求するなどできるが、同棲の場合、手続きは簡単ではない。

若者の雇用が不安定で、経済的な自立が容易ではないことによって、男女間のトラブルも深刻さを増している。

これまで挙げた事例からも、家族は、仕事が不安定な若者にとって唯一の〝セーフティネット〟として機能しているかにみえる。とりわけ女性の場合、無職でも仕事が不安定でも、「家族と暮らしているのだから大丈夫」と思われがちだ。

しかし、実家暮らしが長期化、無期限化することによって、家族との関係がうまくいかなくなることも少なくない。親あるいは兄弟も経済的にゆとりがなく、関係は悪化していく。時に家族は、「容易に抜け出せない牢獄」や「暴力に晒される危険な場」となり得ることがわかる。そこから脱するには、ホームレス状態覚悟で家を飛び出す以外に選択肢がない女性たちもいる。

家族を聖域化し、家族を最後の〝セーフティネット〟とする発想をあらためることから始める必要があるだろう。

2章　家事手伝いに潜む闇

中退を引き金に接点を失う

長年、社会との接点を失ったまま、実家で暮らしている女性も少なくない。

現在、両親と暮らしている田川三奈さん(三〇歳)は一七歳の時、拒食症とそれにともなう婦人科系の病気に罹《かか》ったことから不登校になり、高校を中退した。

「もともと体型のことでコンプレックスがあったんですが、ある時、クラスの男子にからかわれたことをきっかけに、まったく物が食べられなくなりました。入退院を繰り返しているうちに学校に通う気力が失せてしまったんです」

中退してから三〇歳近くになるまで、実家にひきこもりがちな生活を送ってきた。ごく最近、精神科のカウンセラーの勧めもあり、週三日短時間だけコンビニエンスストアでアルバイトを始めた。以前もスーパーやファストフード店に応募し、採用された経験があるものの、一週間も続かずに辞めてしまっている。

父親は運送業などの職を転々としており、収入が不安定。母親が清掃のパートをして何とか家計を支えていたという。

「幼いころから父親による体罰がありました。今もひどい言葉の暴力があります。「まともに働けないお前には生きている価値がない」と毎日のようにののしられ、精神的に参ってしまっています。働いていない分、料理や掃除などの家事をやっているのですが、「きちんとやるまで外出するな」と言われていて、行動の自由も制限されています。すぐにでも家を出たいのですが、お金がないのでどうすることもできません。父親の逆鱗に触れないため、息を潜めるようにして暮らしています」

厳しい現状を何とかしたいと思っても、金銭的にも精神的にも余裕がなく、抜け出すことができない。さらに高校中退後は、家にひきこもってきたため、相談できる友人、知人がまったくいないことも問題を深めている。

「外に出なければと思う反面、体がついていかないんです。高校を中退してしまったこと、フルタイムで働いた経験がないこととか……コンプレックスが大きくて人間関係に苦手意識があるんです」

ニート・ひきこもりは男性ばかり!?

「高校中退後、進路が決まらずダラダラ過ごしている」「就職活動に失敗した後、自宅にひきこもっている」「パワハラが原因で退職したことがトラウマになり、就職活動ができない」など、いわゆるニートやひきこもり状態を経験したことがあると答える若年女性は多い。「氷河期世代三〇人」のうち、ひきこもり経験がある人は九人。中退経験者六人(高校中退四、短大中退二)のうち五人が中退後、そのまま自宅にひきこもっている。また残り四人は、ひきこもりになった時期として、中学卒業後一人、大学卒業後一人、仕事を辞めた後二人となっている。

しかし、私たちは「ニート」「ひきこもり」という言葉から、男性を連想することが多いのではないだろうか? 「ニート」「ひきこもり」という言葉が広く知られるようになったのは、二〇〇〇年代初頭にさかのぼる。就職氷河期が続き、非正規雇用の若者が急増していたものの、それは社会構造上の問題というより、怠惰で働く意欲のない若者の問題として当時は認識されていた。

メディアでは、ニートやひきこもりの若者について頻繁に報道されたが、その多くが若年男性だった。その後、彼らに対する調査研究等も進み、働くことができないのは、若者の〝自己責任〟ではなく、雇用の非正規化、不安定化を含む問題なのだと理解されるようになってきた。それでもやはり現在に至るまで、ニートやひきこもりの当事者として登場するのは、男性が中心なのである。これには、序章でも書いたが、〝一家の大黒柱となるべき若年男性〟が働かないことは一大事という、「男性稼ぎ主モデル」的価値観に依拠する部分もあるだろう。

そもそも統計上、女性は男性に比べ、無業やひきこもりになる率が低い。二〇一二年、ひきこもりを含めた若年無業者（ニート）の数は六三万人（総務省統計局「労働力調査」二〇一三年）で、男女の内訳は男性四〇万人、女性二三万人となっている。出現率は男性の二分の一程度ということになる。

ところがこの統計には、大きな〝落とし穴〟がある。それはここにいわゆる「家事手伝い」が含まれていないという点だ。

厚生労働省は、ニート（NEET：Not in Education, Employment or Training）の定義を「就学、就労、職業訓練のいずれも行っていない一五～三四歳までの非労働力人口」とし、「家事手伝い」を除外している。

総務省の「労働力調査（詳細集計）」（二〇一〇年）によれば、未婚女性の非労働力人口（一五歳以上で収入を伴う仕事をしていない人）のうち、一五～二四歳では、通学（三九％）、家事（三五％）、その他（二六％）、二五～三四歳では、通学（七％）、家事（五二％）、その他（四一％）に従事しているとなっている（図2－1）。

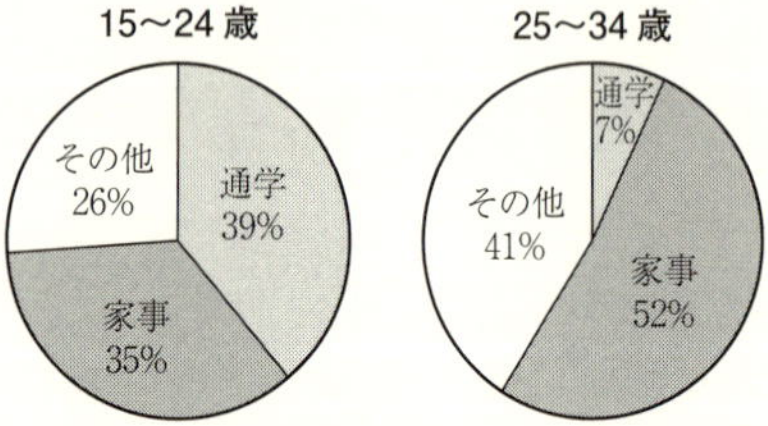

（注）ここでいう非労働力人口とは，15歳以上で収入を伴う仕事をしていない人．
（資料）総務省「労働力調査（詳細集計）」2010年

図2-1　未婚女性の非労働力人口の内訳（15～24歳，25～34歳）

統計をそのまま受け止めるなら、現在、働いていない人のうち、一五～二四歳の三割、二五～三四歳の五割以上が家事手伝いを理由に仕事をすることができない状態にあるということになる。

しかしこの統計だけでは、彼女たちがどの程度、家事や介護等を負担しているかについてつかむことはできない。もちろん年齢が高くなれば、「介護離職」のように、介護のため、就業できない人が増えていく。特に介護の役割を期待される未婚女性にはこの傾向が顕著だ。

それでもこれはあまりに多すぎる数字である。「花嫁修業」として「家事手伝い」をしている人が多くいるとは思えない。恐らくこの中には、「家事手伝い」と称しているが、いわゆるニートやひきこもりと変わらない人たちが多く含まれているのだろう。若年女性の場合、「家事手伝い」という名の下、ニートやひきこもりの問題が隠されているということができる。

家族も無関心

本間彩さん（一九歳）は、高校二年生の時、進級に必要な単位が取れなかったことから、高校を中退した。高校では友だちもいて、いじめられていたというわけでもなかったが、不登校気味だったのだという。中退した後は、就職も進学もせず、自宅で過ごしている。ずっとひきこもっているわけではなく、普通に外出し、買い物にも出かける。家族は父母と兄、姉の四人。父親は団体職員、母親はパートをしており、暮らし向きは悪くないという。

「一日の大半を自分の部屋のパソコンでイラストを描きながら過ごしています。絵はネットで公開していて、時々買ってくれる人があるので、月に数千円のお金が入ることもあります」

本間さんが高校を中退することについて、両親は特に反対することはなかったという。中退後の進路としては、就職する、高校に復学する、大検を受けて大学に進学するなどの道が考えられるが、本間さんはいずれも選択しなかった。

「バイトとか、外で働いた経験は一度もありません。面接を受けたことすらないです。兄から勉強を習って大検のいくつかの科目には合格していますが、特に目標とかはありません。親と進路についてとか、話すことはないですね」

高校時代の同級生とは、一人だけ連絡を取っている友だちがいる程度。インターネットのイラスト・サイトを通じての知り合いのほうが多いという。両親は本間さんにやる気が芽生えるのを待っているのか、ただの放任主義なのか、彼女の話だけで断定することはできない。しかし、高校中退から何もせず、自室にこもりがちな生活が三年近く続いているのは事実だ。本人も親も現状を大きな問題であると考えないのは、本間さんが女性だからという事実と無関係ではないかもしれない。

若い男性が就職せず家にいれば、家族、親戚、ご近所等で〝大問題〟となり、世間から犯罪者扱いされかねないが、女性の場合はそうならないだろう。「家事手伝い」で体裁が整ってしまう場合もある。実際、彼女たちが家の仕事を担っていることも多く、ある程度の年齢に達するまでは、外に出ず、家にこもっていることに、本人も家族も、問題を感じない場合が少なくない。

しかし、そのまま社会との接点を一切持たず、年齢を重ねたらどうなるのか？

二〇一三年、大阪で三一歳の女性が餓死した状態で発見されるという痛ましい事件が起きた。認知症の母親と二人暮らしだったが、ある時、母親が体調を崩して救急車で運ばれた。隣室にはすでに衰弱したその女性がいたと思われるが、救急隊員に発見されなかった。異変に気づいた近所の人の通報で女性が発見されたのは、数か月後のことだったという。中学時代に不登校になったという女性はその後、社会との接点がないまま成人した。近隣に住む住民も彼女がそこに住んでいることを認識していなかった。その結果、誰にも気づかれることなく、亡くなってしまったのだ。

学校や職場から疎外されると友人や知人を作ることは難しく、社会との接点は見出しづらい。また、「働いていない」「学校を出ていない」「結婚していない」「友だちがいない」などの状況が自信を喪失させ、それがさらに外に出ていく気力を奪い、社会的に孤立していくという悪循環を生み出していく。

父の死で暗転

武井京子さん(三五歳)もイジメを引き金に不登校になって以来、二〇年近く、自宅にこもりがちな生活を送っている。

「当時のことを思い出すと今も胸が苦しくなります。おとなしい性格で相手にひどいことを言われても言い返せませんでした」

青果店を経営する父のもと、経済的に不自由なく育ったという武井さんは、私立の女子中に入学。しかし、陰湿なイジメに遭って不登校となり、一年生半ばからほとんど通学していない。

それでも学校から卒業証書を受け取り、自由に通学できる単位制の高校に入学するが勉強についていかれず、一年で中退した。

「しばらくは何もしないで家にいました。両親にそのことを咎められたことはありません。一年ほどした時、バイトをしてみようと思い立ち、求人誌を買って仕事を探しました」

デパートの食品売り場や弁当チェーン、居酒屋などのバイトを始めたがいずれも長続きせず、短いと数日、長くても三か月で辞めてしまっている。

「体力的にも精神的にもついていかれなくなることが多かったです。学校もダメ、仕事もダメ……何もできない無能な自分に嫌気がさし、自己嫌悪に陥っていきました」

武井さんはそれから一〇年近く、家にひきこもる生活を送ることになる。

「極度の潔癖症になってしまって、たとえばトイレに行ったり、お風呂に入ったりという行為に何時間もかかるようになってしまったんです。何度拭いても不潔に感じ、一日にトイレットペーパーを二四ロール使い果たしたこともありました。そのことを家族に指摘され、頭に来て、暴力を振るったこともあります。症状がどんどんひどくなっていって、二七歳になったある日、頭が爆発しそうになって「お願いだから助けてください!」と一一九番しました」

救急車で病院に運ばれた武井さんは、即入院。強迫神経症だった。投薬と行動療法によって落ち着きを取り戻すのに一年以上の時間がかかったが、それでもアルバイトができる程度にまで回復していった。

「病名がついてある意味、ホッとした」と武井さんは言う。子どものころから「自分はどこか普通でない」という感覚に囚われてきた、その正体がわかったことに対する安堵感だという。

障害者手帳を取得し、不定期ではあるが、警備員や配膳のアルバイトを一年ほど続けた武井さん。しかし、彼女が三〇歳になった時、一家の大黒柱だった父ががんで急逝。武井さん家族は青果店を閉めることになった。父の死後、武井さんと母、妹の三人は父親の残した生命保険と貯金を元に生活してきたが、それもあと少しで底をつきそうだという。

「パートに出ていた母がパニック障害を発症し、働けなくなりました。妹も普通に大学を卒業したんですけど、就職することなく、一〇年間家から出ない生活をしています。私はパン工場の深夜シフトで働いていますが、短期派遣なのでいつまで続けられるのか……。この先どうすればいいのか、私たち家族は飢え死にしてしまうしかないのかと考えると、不安でたまりません」

武井さんのように、稼ぎ手である父の死や母の病気などによって、生活が暗転してしまうことがある。現在、実家に暮らし、何とか生活を維持できているシングル女性たちも、いつ親の介護や死といった問題に直面するかもわからない。そうなった時、どうやって生活を支えていけばいいのか？

自宅にひきこもっている、不登校やイジメを経験している、社会に出て働くことができないなどの問題を抱えている背景には、武井さんのように、障害が隠れている場合もある。

ひきこもり経験のある九人の中には、解離性人格障害、アスペルガー症候群、不安性障害などを抱えている人がいた。いずれも障害があることは成人してから明らかになっている。こうしたことが働きづらさや生きづらさに拍車をかけているのもまた事実だろう。

就労以前からの困難

政府は高止まりしているニート・ひきこもりの若者に対して支援事業を実施してきた。二〇〇三年には「若者自立・挑戦プラン」が打ち出され、職業紹介や就労相談などさまざまな支援が受けられる「地域若者サポートステーション」（通称、サポステ）が全国に展開されたほか、二〇一〇年には「子ども・若者育成支援推進法」が施行されるなど、さまざまな取り組みが見られる。

特に全国一六〇か所（二〇一四年現在）に設置されているサポステは、若者の社会的自立に向けた中心的存在として機能している。しかし、このサポステの利用者や就労訓練への参加者もまた男性中心の傾向にある。二〇一四年、全国一一か所のサポステが合同で行った調査（対象総数一二四〇人）では、利用者の六四％が男性、三六％が女性であった。

なぜ女性利用者が少ないのか？　そもそもサポステのプログラム自体がニートやひきこもりの男性を想定して作られているため、女性に馴染みにくいということもあるだろう。

実際、サポステを利用した女性から、就労訓練が農業や清掃など肉体労働系のものが中心で辛かったという話や、合宿型の就労訓練に参加してみたら、ほかの参加者がすべて男性だったので、宿泊に不安を感じ、一日で止めてしまったという話を聞いたことがある。

また過去のイジメやセクハラなどの経験から、男性参加者や男性スタッフに対する恐怖心や苦手意識を持っている女性も少なくない。たとえば、冒頭に紹介した、同級生の男子に体型についてからかわれたことから拒食症になった田川さんにとって、男性中心のサポステに対するハードルが高いことは容易に想像できるだろう。

ガールズ講座

横浜市男女共同参画推進協会は、二〇〇九年、全国に先駆け、若年無業女性のための「ガールズ支援事業」をスタートさせた。二〇一四年末までに延べ二六〇人近くの女性たちが受講している。

参加者の中には、家庭内暴力や職場で受けたパワハラなどのせいで男性に恐怖やトラウマを感じる人もいる。また婦人科系の疾患など、女性特有の悩みを抱える人もいるため、相談スタッフも参加者も女性に限られた場を作る意味があるという。

「ガールズ編しごと準備講座」(以下、ガールズ講座)と名づけられた講座は、基本的なビジネスマナー等を座学で学ぶ「しごと準備講座」と、施設内のカフェで就労体験できる「実習編」がある。就労体験の場として作られた「めぐカフェ」と呼ばれるカフェでは、接客と調理仕込みなどを実習する。

「多くの人が孤立していて、自分だけがこのような状況にあるのではないか、働きづらいのは、自分が悪いのではないかと感じています。だからガールズ講座では、①安心感を体験すること、②自己肯定につながる気づきを得ること、③孤立から脱出することを目的として、プログラムを組み立てるようにしています」と話すのは、同協会職員の植野ルナさん。

最上あすかさん(二三歳)は「ガールズ編しごと準備講座」をひと通り終えた後、「めぐカフェ」で就労体験のアルバイトをしている一人だ。小学校から不登校気味で、中学は出席日数ギリギリ。高校に進学したものの、進級できず退学し、定時制高校に入り直して四年かけて卒業したという。その後、通信制の短大に入学。簿記とビジネスを学んだが、就職活動することなく卒業した。

「通信制の大学で就職指導などもなかったので、どうやって就活すればいいのかわからないうちに乗り遅れてしまいました。そもそも不登校を続けてきた自分のような人間にできる仕事があるのか、まったく自信が持てなくて、最初からあきらめていたところもありました」と当時を振り返る。

「めぐカフェ」就労体験の様子
（写真提供）フォーラム南太田（男女共同参画センター横浜南）

卒業後は、年賀状の仕分けなど、数日で終わる短期アルバイトをいくつかしたものの、長期就労に繋がることはなく、家で昼夜逆転の生活を送っていた。

そんな生活が二年ほど続いたある時、「ガールズ講座」の情報を知った母親に勧められ、参加してみることにしたという。

「一番良かったのは、人との出会いです。私と同世代の同じような悩みを持つ人と知り合えたことが嬉しかった。今も連絡を取り合っていて、バイトの面接に受かったとか、結婚したという話を聞くと、私も頑張らなきゃと励まされるんです」

めぐカフェで初めての接客業を経験している最上さん。

「人間関係に苦手意識があったのですが、自分も頑張ればこなせるんだと知ったことは、大きな一歩になりました。バイトを始めて半年。続けて来られたことが一番の自信になっています。母親まかせだった料理にも興味を持つようになり、自分で作る機会が増えました。バイトはあと二か月で終了なので、空き時間にハローワークに通い、事務関係の求人を中心に探しています」

横浜市男女共同参画推進協会では、「ガールズ講座」が始まった二〇〇九年から一二年までに参加した女性たち(有効回答六二人)への追跡アンケート調査を二〇一四年に実施している。

平均年齢は三〇歳。一人暮らしをしている人は一割強であり、大半は家族と暮らしている。六三%が短大、大学へ進学するなど高学歴である一方、中退経験がある人が二八%(高校中退七%、専門、短大、大学中退二一%)と高い。また、「クラスメイトからいじめられた」四八%、「一年に一か月以上、不登校だった」三五%と、学校生活でつまずいた経験のある人が多いこともわかった。

また、家庭での経験をたずねた項目では、四五%の女性が「家からほとんど出ない状態が半年以上続いた」と、半数近くがひきこもり経験のあることがわかった。さらに、「親がいろいろなことに干渉してきた」四三%、「親・きょうだいなど家族から暴力・虐待を受けた」は一八%となっている。

仕事で困った経験については、「人間関係がうまくいかなかった」六〇%、「パワー・ハラスメントを受けた」三一%、「同僚からいじめられた」二一%と続き、職場での人間関係に問題を感じている人が多いことも明らかになった。

また体調について「気になることがある」と答えた人が八六%に及び、「メンタル面の不調」を訴えた人が六八%に達した。しかし、健康面に不安を抱えながらも、五七%が二年以上、健康診断を受けていないことがわかった。理由としては、無業もしくは雇用が不安定なため、職場で実施される健康診断を受ける機会に乏しいことが考えられる。

これらの結果をまとめると女性無業者は比較的高学歴であるが、学齢期に不登校やイジメを経験している割合が高い。大半の女性が実家に暮らしているが、家族からの過干渉や暴力、虐待を受けたことがある人もおり、実家が安心できる場であるとは限らないようだ。またこうした経験ゆえか、人間関係に苦手意識を抱えている人が多く、それが就労にも影響を及ぼしていることが見受けられる。
「家庭や学校など、働くことにつながる前の段階で重層化した困難を持つ人が多いということがわかりました。メンタル面の問題を抱えている人もいるので、就労支援に留まらない、生活面を含むトータルな支援が必要であると感じています」(同協会、植野さん)
また同調査では、講座終了後、七割の人がサポステやハローワークなどの支援機関に相談に行っており、六割以上の人が講座終了後、「収入のある仕事をした」と回答している。「収入のある仕事」の内訳は、アルバイト七四%、正社員三%で、「現在就労している」人は四七%となっている。それまで就労をしていなかった人の半数が、継続就労していることからも講座の成果が見られる。一方で雇用形態を見ると非正規雇用が大半を占めることからも、自立への道は容易ではないことがうかがえる。
「ただでさえ就職が厳しい時代、講座を終えた人が即就職というふうに行かないのが現実です。また四割以上の人がいまだに無業であることを考えると、フォローアップ的な取り組みをしっかりやっていかなければと思います。同じ悩みを持つ人同士が繋がることができる場所、個別に相談できる場所などがあればいいという声をよく聞きます」(植野さん)
講座は原則四〇歳未満の女性を対象としており、参加者も二〇代、三〇代の女性が中心だ。

しかし第二次ベビーブーム（一九七一〜七三年）世代が四〇歳を超える中、ニートの高齢化が問題になっており、女性に関しても四〇歳以上で生きづらさや働きづらさを抱えた人は多くいると推測される。

「四〇歳以上の女性への支援となると子育て支援や再就職支援、シングルマザー支援というものはあるけれど、未婚無業女性を想定したものはほとんどありません。そんな中で孤立感を深める当事者は多くいるはず。今後はそうした方たちも視野に入れていきたい。彼女たちが人や社会と繋がるきっかけになればと願っています」（植野さん）

さいたまでの取り組み

横浜市の「ガールズ支援事業」が先駆けた、生きづらさ、働きづらさを抱えた若年シングル女性に対する支援の動きは、全国の男女共同参画センターなどに少しずつ拡がりつつある。

埼玉県男女共同参画推進センター（with you さいたま）では、二〇一二年から四〇歳以下の働きづらさ・生きづらさに悩む女性、経済的に困難な状況にある女性を対象とした就労支援講座を定期的に開催してきた。全一二回の講座ではビジネスマナーやパソコンスキル、就労体験のほか、面接相談も豊富に取り入れながら自分のペースで働くための準備をすることができる。

中学時代、強迫神経症が原因で不登校になって以来、ほとんど働いた経験がないという阪口かれんさん(二七歳)は最近受講した一人だ。ファストフード店やコンビニのアルバイトにトライしたことがあるものの、病気のせいで細かいことが気になって仕事が進まず、いずれも一日で辞めていた。高校を出ていないこと、仕事をしてこなかったことで前向きな気持ちになれずにいたが、講座をきっかけに同世代の仲間と知り合うことによって自信を取り戻しつつある。

「今春から高校に通うことに決めました。通信制なので自分のペースで通えます。家にいた時は漠然とした不安がいつもありました。講座に出たからすぐに就職というわけにはいきませんが、自分の適性にあった仕事がきっとあると思えるようになった。前に進む力をもらえたことを感謝しています」

今は実家に頼ることができる女性たちの状況も、一〇年もすれば大きく変わるだろう。親の介護や死に直面する年代になった時、どうやって生活を支えていけばいいのか? 結婚・出産をしていない、非正規でしか働けない、親元から自立できないといった状況を、当事者も親も「自己責任」と感じているからこそ、外部に助けを求めにくい。

日本に比べ、成人したら実家を出ることが一般的な欧米諸国では、国も個人も家族福祉に依存する部分は少ない。「実家だから大丈夫」「いずれ結婚するだろう」ということでは問題は解

カリキュラム

第1期	第2期	時間	テーマ	内容
6/29 (水)	9/28 (水)	13時30分 ~ 15時30分	導入	「働く」ということを考えながら、仲間と交流しよう♪
7/6 (水)	10/5 (水)		からだほぐし	講師:竹森茂子さん「心地よいからだのトレーニングを見つけよう」★動きやすい服装でご参加ください。
7/13 (水)	10/12 (水)	13時30分 ~ 16時30分	パソコン体験1	仕事に必要なパソコンの操作を確認しよう(1) パソコン操作の基本、インターネットでの仕事の情報検索、入力業務体験など
7/20 (水) 前後	調整中	いずれか1日2時間	おしごと体験1回目	「学習教材の整理」 教材の整理、ナンバリングなどの事務補助
7/27 (水) 前後		いずれか1日2時間	おしごと体験2回目	さいたま若者自立支援ルーム「子ども夏祭り準備」
8/3 (水)	10/28 (水)	13時 ~ 16時30分	就職応援フェア	①メイクレッスン(協力:㈱イオンフォレスト ザ・ボディショップ) ベースメイクの方法を教わります。 ②履歴書用写真撮影(協力:㈲京浜フォトサービス) ③スーツ等提供(協力:バークレイズ証券㈱)
8/17 (水)	11/9 (水)	13時30分 ~ 16時30分	パソコン体験2	仕事に必要なパソコンの操作を確認しよう(2) (ファイル管理、効率の良い入力方法、Excelの基本操作など)
8/19 (金)	調整中	いずれか1日2時間	おしごと体験3回目	「まんま食堂」 食堂の準備やお客さんのおもてなし、ご案内など
8/24 (水)				「学習教材の整理」 教材の整理、ナンバリングなどの事務補助
8/31 (水)	11/23 (水)	13時30分 ~ 16時30分	パソコン体験3	仕事に必要なパソコンの操作を確認しよう(3) WordでチラシやPOPの作成、ビジネスメールの書き方など
9/7 (水)	12/14 (水)	13時30分 ~ 15時30分	ふりかえり	講座を振りかえり、目標を立ててみよう
9/8(木) ~11/29 (火)	12//15 (木) ~'17/1/24 (火)	1枠 45分	面談相談	埼玉県女性キャリアセンターの「面談相談」の体験! ①10時②11時③13時30分④14時30分⑤15時30分のいずれか1枠を希望する日時で予約します♪
11/30 (水)	'17/1/25 (水)	13時30分 ~ 15時30分	フォローアップ	体験を振り返り、情報交換しよう! 講座終了後に行動したこと、悩みなどを語り合おう
'17/3/8(水)			スペシャル講座 内容準備中	

※今回は第1期分の募集です

埼玉県男女共同参画推進センターによる「しごと準備講座」のチラシ(表)及びカリキュラム(中面)(2016年)

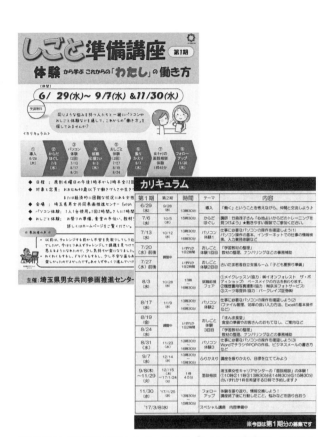

決しない。実家暮らしに隠された貧困を可視化し、支援していく仕組みを作っていく必要があるだろう。

3章　正社員でも厳しい

倒れるまで働く女性たち

二〇〇八年、ワタミフードサービスで働いていた二六歳の女性正社員が入社二か月で過労自殺した事件が大きく報じられた。研修もほとんどないまま店舗に配属され、調理場の一部をまかされるようになった女性。開店前の午後三時には店に入り、深夜三時過ぎまで働く。店が混み合う週末は朝五時まで働いた。月の残業時間は過労死認定基準となる八〇時間をはるかに超えた一四〇時間。〝ボランティア〟という名の無償労働や早朝研修も多くあり、体を休めることはほとんどできなかったという。労働基準監督署は過労自殺を認定。遺族は損害賠償を求めて会社側を提訴し、二〇一五年末、一億三〇〇〇万円の支払いと再発防止策を講じることを条件に和解が成立している。

彼女だけではない。二〇〇九年、若者に人気のアパレルメーカーのクロスカンパニー(現ストライプインターナショナル)でも、新卒で入社後、五か月で店舗責任者となった女性が極度の過労・ストレスにより死亡したとして労災認定を受けている。

かつて過労死や過労自殺は、猛烈に働く男性サラリーマンの象徴のように捉えられ、若い女性にとっては縁遠いイメージがあった。それなのに彼女たちはなぜ自殺にまで追い詰められてしまったのだろう？

若者を中心とした労働相談を行っているNPO法人POSSEには、ボロボロになるまで働いた末、うつになった……そんな若者たちからの相談が年間一〇〇〇件以上、寄せられる。労働相談を集計すると、件数、内容ともに男女による差はほとんどない。

「男女いずれも、長時間労働と残業代未払いに関する問い合わせが最も多いのは変わりません」とPOSSEスタッフは言う。過労でうつになるまで追い込まれ、誰にも相談できず、電話をかけてくるケースが相次いでいる。

大学卒業後、中堅メーカーに入社したばかりの谷由貴子さん（二八歳）もその一人だ。大学に入学した年齢が遅かった谷さんは、就職活動で苦戦したものの、正社員の内定を勝ち取る。ところが会社近くにアパートを借り、やる気に満ちて入社した彼女を待っていたのは、「ブラック企業」まがいの雇用契約だった。

研修期間を経て雇用契約書に署名する段階になって初めて、給与に固定残業代が含まれていることを知ったのだという。固定残業代とは残業代をあらかじめ設定し、それを上回った場合も支払わないというもの。人件費を安く抑え、長時間労働の事実を隠蔽するブラック企業によくある手口だ。

谷さんは一人暮らしすることを考え、「月給二〇万円～」という好条件に引かれたが、それは月六〇時間の固定残業代六万円込の金額。税金や退職積立金等を引いた手取りは一五万円程度だった。話が違うと思ったが、引き返すこともできず、サインせざるを得なかった。

研修後に谷さんが配属されたのは、深夜まで電話を受け続けるコールセンター。配属直後から一日平均一二時間に及ぶ長時間労働が始まった。さらに自宅が会社から徒歩圏内ということを理由に、深夜シフトを頻繁に割り当てられたという。

「最初にPOSSEに連絡してきた時は、自分の状況を理路整然と話していたんです。ところがしばらく間が空いて電話してきた時は最初から涙声で、精神的に追い詰められていると感じました。気がついたら借りたはずのない図書館の本がカバンに入っていたり、買った覚えのないめんつゆがテーブルに置いてあったり……レシートがあるからちゃんとレジを通ったのだろうけれど、その時の記憶がまったくないことに怯えていました」(POSSEスタッフ)

ついに出社できないほど、深刻なうつ状態に陥ってしまった谷さんは休職し、通院を続けている。そこまで追い詰められる前に何とかできなかったのか？　しかし就職のため引っ越してきたばかりの新しい土地で、相談に乗ってくれる知り合いは一人もいなかった。シングルマザーとして彼女を育ててくれた母親に頼るわけにはいかない。転職先を探そうにも深夜勤務の連続で時間的、体力的余裕がない。なかなか内定をもらえなかった就職活動を振り返っても、次の仕事が簡単に決まるとは到底思えない。そんな追い込まれた状況の中、簡単に仕事を辞めることはできなかったのだ。

新人を使い潰すブラック企業

二〇代、三〇代の女性たちに話を聞くたびに、俗に言うブラック企業で働いた経験がある人の割合が実に高いことに驚く。すでに一般化した「ブラック企業」という言葉。過重な労働を強《し》い、労働者の心身を危険にさらす企業を指すが、狭義では、主に新興産業において、若者を大量に採用し、長時間労働によって使い潰し、離職に追い込む企業を指す。

　前述のＰＯＳＳＥの代表を務める今野晴貴は、『ブラック企業』（文春新書、二〇一二年）の中で、ブラック企業のやり口として、入社後、サービス残業を強いることで、長時間労働に耐え得る従順な社員を選ぶ「選別型」と、短期間で辞めていくことを前提に過酷な条件で働かせる「使い捨て型」があると言及している。

　小田ゆきさん（二八歳）が大学を卒業後、転勤がない地域限定総合職として入社した大手通信会社は、まさにその典型的な〝選別型ブラック企業〟だった。新入社員は全国で二〇〇人ほど。しかしその多くは入社数年で辞めていくという。

「入社前研修からスパルタでした。社訓と社歌を短時間で暗記させられ、覚えられないと大勢の前で罵倒される。「〝個性〟を潰すことが研修の目的だ」と言われましたが、合宿中に逃げ帰る人もいたほどです」

給与は二〇万円だったが、ふたを開けてみると月四五時間の残業手当が含まれた金額だった。営業に配属されると連日一二時間を超える長時間労働が始まったという。

「電話営業の仕事でした。厳しい売り上げ目標があり、休日も出勤して必死に電話をかけ続けたのですが、全然うまくいかず……。まわりの社員も皆、自分の売り上げ目標達成に必死という感じで、仕事を教えてもらえるような雰囲気はありません。私は配属後一か月で、転籍を言い渡されました。事実上のリストラです」

転籍扱いになったものの、転籍先は決まっていなかったため、小田さんは自宅待機となった。

「その間は欠勤扱いで、給与も満足に支払われませんでした。一か月待機しましたが、会社からは何の連絡も来ない。自分は必要とされない人間なんだと思い知らされ、七月末に退職しました。大学時代、一年近く就職活動を続け、ようやく入社した会社だったので、続けたかったのですが、このままいったら精神的におかしくなると思ったんです」

地方都市で一人暮らしをしていた小田さんはすぐに転職活動を開始するが、なかなかうまくいかない。

「新卒で入った会社を三か月で辞めたことを、辛抱が足らない、ワガママだと評価されることが多く、難しかったです」

小田さんのように、大学卒業後、短期間で退職する人は多く、「第二新卒」と呼ばれる。彼らを積極的に採用する企業も増えてきてはいるものの、都市部が中心であり、小田さんの住んでいた地方都市では求人自体が少なく、第二新卒の転職市場は確立されていなかった。転職活動に苦戦する小田さんは、卒業生も応募できる求人があるかもしれないと母校の就職課を訪ねることにした。ところがこれまでのいきさつを話すと、就職課の職員から耳を疑うような言葉が返って来た。

「あなたのほかにも短期間で離職した人が数人いて、あそこは怪しいと思っていた」と言われたんです。なんで入社前に教えてくれなかったの、と愕然としました。就職活動に苦戦していた時、就職課で「うちの卒業生も毎年入社しているから」と紹介された会社だったのに……」

それから数か月間、転職活動を続けたものの、貯金が底をついたため、小田さんは実家に帰らざるを得なかった。

「実家はさらに地方なので、就職先はなく、短期のアルバイトしかありません。週数回の事務パートと飲食店での夜のバイトを掛け持ちしていました。都心へ行く資金を貯めようにも時給は安く、地方なので、ガソリン代などもかかり大変でした。大学まで出してもらったのに、地元でのアルバイトしかないという状況が情けなく、つらかったですね」

滑り台で一直線に

入社した会社が「ブラック」だとわかった時――この仕事を続けていたら、身体的、精神的にまずいことになると気づいた時――辞めるという選択ができるかどうかは、重要なポイントだ。実家に頼ることができる、貯金があるなど、〝セーフティネット〟があればいいが、一人暮らしで、経済的に頼ることができる家族がいない場合、滑り台で貧困に一直線という事態に陥ってしまう。

田口由紀子さん(三四歳)はパワハラに遭い、解雇された後、仕事が見つからず、生活保護を受給するところまで追い詰められた経験がある。

芸術系の大学を卒業後、アルバイトをしながら舞台でキャリアを積んでいたのだが、三〇歳を機に正社員として就職することに決めた田口さん。小さな福祉関連会社に正社員として勤務していたが、事業所にタイムカードはなく、残業代は支払われない。

「定時で帰宅しようとすると突然、膨大な仕事を押しつけられるんです。たとえば社長が持っている名刺をすべて五十音順に並べて入力しておくようにとか。社長の機嫌を損ね、「もう来なくていいよ」と言われておしまい。そうやってどんどん人が入れ替わっていきました」

田口さんもあることで社長に反論した翌日、退職届を書くように迫られた。

「いつか自分の番が来ると思い、個人加盟のユニオンに入っていたので、解雇予告通知が出ていないことなどを理由に会社側と争い、多少の補償金を得ることができました」

ユニオンに手伝ってもらったとは言え、解雇を巡るワンマン社長とのやりとりは、田口さんの心身を疲弊させた。それでも休んでいる余裕はない。すぐに転職活動を始め、田口さんは三か月後に病院の受付の仕事に採用される。

「正社員で待遇は悪くなかったです。業務は受付。ところが夜間になると、人が足りないからと言って患者さんの点滴をチェックしたり、薬剤を混ぜたり……明らかに医療行為と思われることまでやらされました。もし何かあったらどうなるんだろうと不安が募っていき、知り合いの薬剤師に聞いてみたんです。そうしたら「明らかな違法行為。問題が起こる前にすぐ辞めたほうがいい」とアドバイスされました」

再びハローワークに通っての転職活動が始まったが、思うように仕事を得ることができない。

「ついに日々の生活費にも事欠く状態になったので、即日給料がもらえる仕事を探したら、日雇い派遣に行き着きました。ただ問題があって、派遣会社の支払い窓口が毎日変わるんです」

東京郊外に住む田口さんは毎朝五時に起き、二時間近くかけて工場へのバスが出る千葉駅に向かう。商品の配送工場で夕方五時まで働いた後、給料を受け取るためだけに、横浜に向かったこともある。すべて自腹となる交通費を考えると避けたかったが、それほどまでに生活は追い詰められていた。

「父はすでに亡くなっていて、母は弟と同居しているのですが、経済的に頼ることはできません。まさにその日暮らしの生活で、就職活動もままならない状況が続いた時、役所に生活保護を勧められ、短期間だけ受給することにしました。日雇い派遣の給与では足りない分を補う形でしたが、「これで何とか年が越せる」と安堵したことを今でもよく覚えています」

現在、田口さんは生活保護を打ち切り、公共団体の派遣職員として働いている。

「十数社に登録してようやく見つけた仕事。先の保障もなく、ギリギリの生活は変わりませんが、今の職場は人間関係も良好なのでそれだけでもありがたいと感じています」

成人した女性が一人、自立して生きていくことさえままならない日本社会。会社でのパワハラ、病気、人間関係の行き詰まりなど、ちょっとした出来事が引き金となり、一気に滑り台の下まで急降下する。若年女性の場合、〝頼れる家族〟というセーフティネットがなければ、生活保護しか残されていない現実がある。

家賃を払うためデリヘルへ

川内夕実さん（二七歳）は大学卒業後、アパレル系の会社に正社員として就職した。もともと洋服が好きだった川内さんは希望に燃えて入社したのだが、店舗配属後すぐに上司によるパワハラに遭ってしまった。

「女性の先輩からのものでした。常に行動を見張られているような状態で、売り上げが上がらないとものすごい勢いで罵倒される。精神的に追い詰められてしまって、入社二か月で辞めてしまいました」

四国地方出身の川内さんは関西の大学を卒業後、地元に戻るよう説得する母の反対を押し切って上京し、就職していた。

「厳しい親だったので、地元に帰ったら終わりだという意識がありました。すぐにでも次の仕事を探さなければならなかったのですが、なかなか気持ちが前に向かず、転職活動を始めることができませんでした」

上京した際に借りたアパートの敷金礼金や、生活用具一式の借金などもあり、川内さんが経済的に困窮するまでに時間はかからなかった。

「当然ですが何もせず家にいるだけでも家賃、光熱費はかかり、請求書がたまっていきます。このままだと電気もガスも止められ、家を出なければならなくなると思い、慌てて仕事を探しました」

しかし家賃を支払い、借金を返すには、バイトの時給では焼け石に水。運良く正社員に採用されても給料が出るのは一か月以上先だ。

「そんな時、目にとまったのが、キャバクラやデリヘルなどの風俗関係の仕事でした。普通、キャバクラのほうが敷居が低いんだろうけれど、女ばっかりのアパレルの職場で失敗したばかりだったから、キャバクラでやっていく自信が持てず、デリヘルを考えました。でもなかなか電話がかけられなくて、番号を押しては切って……ということを繰り返しました」

川内さんが意を決して電話をかけると、女性側の決意が覆らないうちに、という戦略なのか、「今から会って面接をしたい。近くに行ってもいいから」と言われたのだという。

「(電話に)怖い人が出たらどうしようと思っていたから拍子抜けしました。その日のうちにスタッフさんに会ったのですが、とても親切でこちらの戸惑いや不安を先回りしてフォローしてくれる。ここなら大丈夫かなと思って、すぐに働くことになりました」

川内さんが入ったのは、無店舗型のデリバリーヘルス。現在、風営法(風俗営業等の規制及び業務の適正化等に関する法律)の関係で、風俗店の新築や増改築が規制されるようになったため、無店舗型が増えている。店舗がないため、女性たちは仕事が入るまで車の中で待機する。客が決まると車でホテルまで向かうが、店舗型に比べ、スタッフの目が届きにくいため、危険な目に遭うリスクも高くなる。

「とんでもないお客がいて、何度か怖い思いをしました。携帯でスタッフさんに連絡すると飛んで来てくれるので、事なきを得ましたが、「ろくでもないお客だったらどうしよう」という恐怖感は常にありましたね。それでもちょっとでも大変なことがあるとスタッフさんがものすごく心配して気づかってくれて……。そういうことって前の職場では皆無だったから、素直に嬉しかったです」

川内さんは家賃と借金を返すため、週五日、昼夜を問わず働いた。

「とにかくお金を稼がなければという思いがありました。車の中で待機中は、ほかの女の子やドライバーさんと一緒になりましたが、差し障りのない会話をして終わりという感じだったので楽でした。人間関係に苦手意識がある私には、これくらいの距離感がちょうどいいんです。お客さんは苦手だったけど、職場としては働きやすかったです」

そうして働き始めて半年を過ぎたころ、川内さんは心身のバランスを崩してしまった。

「電池が切れたみたいに布団から起き上がれなくなりました。何も食べられなくて、体重もどんどん減っていって……。スタッフさんがものすごく心配して、食べ物を届けてくれたりしたんですが、全然よくならなくて、お金もそこそこ貯まったので休養することにしました。自分には大丈夫と言い聞かせてきたけれど、半年間、身も心もギリギリの状態だったんだと思います」

現在、川内さんは、サービス関連会社の契約社員として働いている。

「仕事は事務全般。デリヘルの仕事で男の本性を嫌というほど見てしまったので、男性に対する嫌悪感は強いです。男性上司がセクハラまがいの発言をよくするんですけど、ものすごい冷ややかな目で見ていますよ。今の職場で信頼できる人とか、親身になってくれる人はいません。そう考えるとデリヘルの時のほうが恵まれてたなって……今でも無性に戻りたくなる時があるんです」

風俗産業のスタッフが女性に対して、非常に親切であることはよく知られている。それは〝商品〟である彼女たちに逃げられたくないという下心があってのことなのだが……悩み事の相談にとことん乗ってくれる、病気の時は家まで訪ねてくれる、そんなやさしさが女性たちの心を捉えている。風俗産業が、都会の片隅で貧困や孤独に直面する彼女たちの〝セーフティネット〟になっていることは紛れもない事実だろう。

増加する精神障害とイジメ

「氷河期世代三〇人」のうち、正社員経験がある人は一四人だった。そのうち、一一人が過労にともなう心身疾患、パワハラやイジメなどが理由で正社員を辞めるに至っている。

その後も体調が回復せず通院を続けている、仕事についていけなかったことから働く自信が持てない、パワハラを受けたことがトラウマとなっているなど、働きたいけれど働けない状況に追い込まれている人も少なくない。仕事によるストレスが非常に大きいことに驚かされるが、しかしこの傾向は若年女性に限ったことではない。

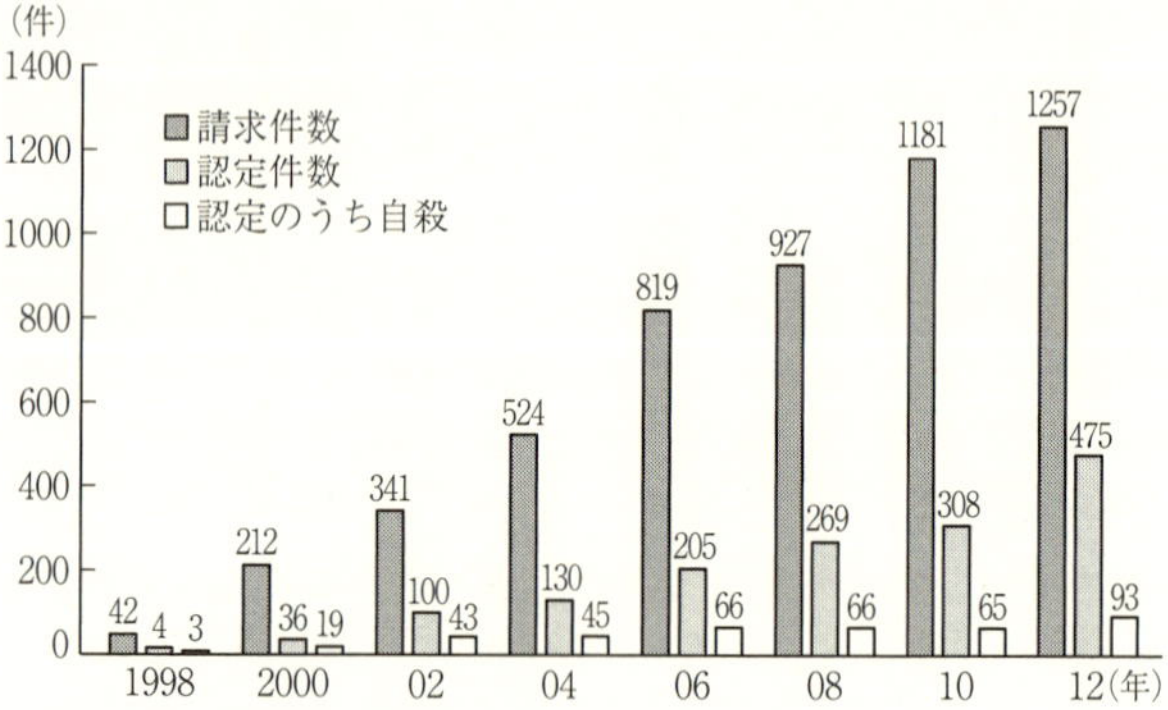

(資料)厚生労働省労働基準局

図3-1　精神障害等労災補償状況

労災補償の請求件数のうち、精神障害によるものは、一九九九年以降、大幅な上昇を続けている。一九九八年には四二件だったものが、二〇一二年には一二五七件と三〇倍近くにまで膨れあがっているのだ(図3-1)。過労死請求件数も、二〇〇七年を境に精神障害等(過労自殺)に係るものが、脳・心臓疾患等(過労死)に係るものを上回っている。

仕事による精神障害の大幅な上昇の背景には、メンタルヘルスに関する人々の知識や関心の高まりが考えられる。しかし、それでも説明しきれないほどの上昇率であり、精神的に追い詰められるような職場環境が蔓延していると言うことができるだろう。

月に六日、女性のための電話相談「働く女性のホットライン」を実施している「働く女性の全国センター」(ACW2)には、正規、非正規で働く女性たちからの相談が多数寄せられる。かつては解雇・雇い止めなどの雇用関係の相談が大半を占めたが、現在では、イジメと職場での人間関係に関する相談が四割以上を占めている。

二〇一〇〜一四年に寄せられた一九四五件のうち、暴言を吐くなどのイジメが二七四件、パワハラなど人間関係トラブルが五四一件、解雇・雇い止めなどの雇用関係が三二三件だった。パワハラというと上司から受けるイメージが強いが、先輩の非正規社員から正社員に対してだったり、非正規同士だったりする場合もあるという。「引き継ぎや研修などが満足に行われない過重労働の中、同僚の間でストレスをぶつけ合い、傷つけ合っている状況がうかがえる」と同センターは分析している。

精神障害による労災請求が増え始めた一九九九年は、改正男女雇用機会均等法を受けて労働基準法の女子保護規定が撤廃され、男女ともに長時間労働と深夜業が可能となった年でもある。また成果主義への関心が高まり、日産のカルロス・ゴーンが成果主義を導入したのもこの年だ。

その後、景気が後退する中、非正規雇用が増加し、職場は、正規、契約、派遣、パート、日雇いなど、雇用形態による分断が進んでいった。〝ゆるい職場〟はなくなり、誰もが目に見える成果を求められる。自分もギリギリの状態だから、他人の〝やらない〟〝できない〟が許せない――このようにして職場でのパワハラやイジメが蔓延していった。

余裕のない職場で

浅賀ミキさん（二八歳）は職場でのパワハラとイジメを経験した一人だ。女子高時代、陰湿なイジメを受けたことがあるという浅賀さんはみずからを「要領が悪く、誤解を受けやすいタイプかもしれない」と言う。

福祉関係の仕事に就くことを希望し、大学卒業後、福祉施設の職員となった浅賀さん。通所施設や作業所など幅広い施設を運営する法人だったが、配属されたのは月の半分程度泊まり勤務となる知的障害児の入所施設だった。

「朝五時に起きて食事づくりをし、一日中子どもたちの世話に追われます。泊まりの時は一人勤務なので休まる暇がありません。結局、仕事についていかれず、半年ほどで退職しました」

当時、景気が若干上向きだったこともあり、第二新卒の就職フェアなども頻繁に開催されていた。浅賀さんはそこで大手コンビニの事務職の仕事を得、翌年の四月に入社。しかし、配属された部署で課長からのパワハラに苦しむことになる。

「入社して半月くらいから個室に呼び出され、仕事ののみ込みが悪く皆が迷惑していると、こんこんと説教されるようになりました。ほかにも更衣室での私語が多い、制汗スプレーを使いすぎる、会社に持ってくる荷物が多すぎるとか、仕事とは直接関係のないことまで注意される。誰かが課長に告げ口したとしか思えないことも多く、ショックでした」

浅賀さんは、課長から無視され、仕事を極力与えられないという嫌がらせを受けた。それでもコピーやお茶くみ、書類整理など、部署内の雑用を見つけ、積極的に動くようにしたという。

そんな浅賀さんは入社二年目のある日、突然の異動を言い渡された。

「課長に呼ばれ、「来週から下の店舗で働いてもらうことになったから」と言われました。あまりに急過ぎて辞めるという選択を考える余裕すらありませんでした。店舗勤務とはまさにコンビニでの接客や品出しの仕事です。制服を着て、バイトと一緒にシフト制で働きます。それまで勤務していた本社ビルの下に入っている店舗だったので、同期や同僚が頻繁に買いに来る

――屈辱的でしたね」

事務職が店舗に異動となった前例はなく、明らかな左遷、リストラ人事だったと浅賀さんは振り返る。

早番の時は朝五時に家を出て、遅番だと深夜までの勤務になる。バイトの数を減らしているため、その穴を埋めねばならず、早番で出たのに、終電で帰るようなこともあった。

「次を探して早く辞めようと思ったのですが、時間がなく、転職活動どころではありませんでした。疲れが取れず、精神的に落ち込むことが多くなった私は、知人から精神科に行ったほうがいいと言われ、受診したところ、うつと診断されました」

半年間休職した浅賀さんはその間、転職活動するも、なかなかうまくいかない。実家に両親と弟と暮らしているが、父親がリストラに遭っており、家にお金を入れることを求められていた。

「復職したら部署が変わるかもしれないと期待したのですが、ダメでした。こうなったら割り切って、転職活動のための資金を貯めることを目標に働こうと決めたんです」

それから約一年半後、浅賀さんは仕事を辞め、財団法人へ転職した。

「念願の正社員事務職でした。退職予定の人から短期間で引き継ぎをしなければならなかったのですが、私の覚えが悪く、途中で退職されてしまいました。結局、ほかの職員に迷惑をかけてしまい、「うちは零細なのであなたの面倒を見ている余裕はない」と言われ、試用期間の三か月で辞めることになったのです」

その後さらに二社ほど採用された会社があったのだが、いずれも試用期間でクビになってしまっている。現在も仕事を探しているが、なかなか見つからず、平日週三日の保育助手と休日のスーパーでの試食販売の仕事を掛け持ちしながら、家にお金を入れている。

「試用期間でクビになることが続き、すっかり自信をなくしてしまいました。母親との関係がうまくいっていないので家を出たいのですが、今のままでは難しいですね」

浅賀さんはこちらの雑駁な質問に対し、「具体的に言うとどういうことですか？」と返してくるような、生真面目で潔癖なところがある人だ。こちらの意図が伝わると、状況を細部にわたるまで明確によどみなく説明してくれる。とてもハキハキしていて、薬剤の登録販売者や社会福祉主事など複数の資格を持っており、転職市場では比較的有利であると思われる。

反面、本人が言うように、要領が悪く、理解するのに時間がかかるところがあるようだ。そのため試用期間で解雇されてしまうという事態に陥っているのではないか。じっくり丁寧に教われば、難なくこなすことができるのだが、そうした余裕がある職場は少なく、結果として周囲の反発や怒りを買ってしまうことになるのだろう。

障害者枠で働く

草柳明子さん(四七歳)は、地方公務員として安定した立場にあったものの、職場のストレスから働けなくなり、今は障害者雇用の非正規枠で働いている。短大卒業後、公務員試験を受けた時はバブル真っ盛りの時代。草柳さんは「公務員は人気がなかったんですよ」と謙遜する。

入庁後は、二〜三年ごとに異動があり、税務課や労働課など、複数の部署に勤務。

「庶務や経理の仕事が主でしたが、異動のたびに扱っている内容が大きく異なるので、慣れるまでは大変でした。それでも一つひとつ仕事を積み上げていくことに充実感を感じていました」

四度の異動を経て、二九歳の時に配属されたのが、水道課だった。

「それまでの部署と異なり、外勤の職員が大半を占めるため、事務処理を担当する私に仕事が集中しました。二九歳ということで〝ベテラン扱い〟されてしまい、引き継ぎもそこそこに担当することになってしまったのです」

次から次へと送られてくる伝票の山を短時間で処理することが求められる、スピード勝負の世界。ほかの職員も自分のことで手一杯で、仕事を教えてもらう時間が取れない。外勤の職員からは、処理が遅いと怒鳴られ、草柳さんはすっかり委縮してしまった。

「もともとのみ込みが遅く、覚えるまでに時間がかかるところがあるんです。周囲に迷惑をかけている状況がつらく、この先やっていかれるか不安で仕方なかったので、それを上司に伝えると「やる気の問題だ」と一蹴されてしまいました」

スピードについていこうと必死に頑張っても空回りするばかり。同僚からの風当たりも日に日に強くなっていった。

「精神的にどんどん追い詰められて、不眠の症状が出始めました。帰りの電車に揺られながら、「このまま消えてなくなりたい」と思っていましたね」

そんな状況が続いたある日、草柳さんは労働課に勤めていた時に出会ったカウンセラーに相談してみることを思い立つ。

「そうしたらすぐ精神科にかかったほうがいいと勧められ、病院に行ったところ、心因反応と診断されました。それで職場を休職することになったのです」

「心因反応」とは、大きなストレスやダメージが心にかかることによって一時的に引き起こされる精神障害だ。彼女の場合、畑違いの部署への異動とそれにともなうストレスによって発病したことが明らかだったので、別の部署へ異動すれば回復する可能性が高いと思われた。

「それで異動を希望しましたが、復職は元の部署でと言われました。前例を作るわけにはいかないというのが主な理由のようです。それでも若干の配慮があり、仕事内容が変わりました。スピード勝負の伝票整理から、庶務や雑用の担当になったので、何とか戻ることができたのです」

時短勤務が認められ、病院に通いながら、緩やかに回復を目指すことにした草柳さん。ところが復職から二年が過ぎたころ、職場での大規模な人員削減があった。

「職場からどんどん人が減り、今まで二人、三人でやっていた仕事を一人でこなさなければならない事態になりました」

二〇〇〇年代初め、それは長引く不況と小泉政権下の構造改革路線の流れの中、「公務員バッシング」が繰り広げられた時代と重なる。

そのころから草柳さんに対する風当たりも強くなり、〝職場イジメ〟の様相を呈していった。

「あからさまに「病気に甘えるな」「いるだけで迷惑だ」と言われることもありました。体調が悪くて休憩室で休んでいると「掃除するから出て行ってくれ」と言われたり……」

ついに職場に行くことができなくなった草柳さんは再び休職を決意。しかし、手続きに行くと上司から「休職したまま復帰できなければ、免職扱いになる。それだと後に響くだろうから、身が立つように、自己都合退職で辞表を書くように」と迫られたという。

「辞めると決めたわけではないのに、「後任のアルバイトが来るから邪魔だ」と言われて、机の荷物を段ボールにまとめられていました。辞めたくはありませんでしたが、どうすることもできず、辞表を書かざるを得なかったのです」

そうして公務員を辞めた草柳さんはしばらく休んだ後、心身の状態を見ながら、転職活動をスタートさせた。事務職として十数年以上働いてきたキャリアがあるため、仕事は比較的簡単に見つかったが、正社員となると状況は違った。

「なぜ公務員を辞めたのか？　何か問題があるのではないか？　という目で見られることが多く、辛かったです」

アルバイトをしながら就職活動を続けた草柳さんは、薬局チェーンの正社員に採用される。問診票など、調剤に関するデータを入力して処理する仕事だった。しかし採用から一か月後の試用期間中に、彼女は雇用契約を解除されてしまう。

「医療の専門用語を知らないこと、パソコンのブラインドタッチができないことなどから、仕事が遅く、迷惑をかけてしまったんです。「あなたが育つのを待っていられない」と言われ、敗北感でいっぱいの気持ちになりました」

草柳さんの経歴と四〇歳という年齢から即戦力として採用した薬局側にとっては、誤算だったのかもしれない。

その後、市役所での短期アルバイトを数年間、繰り返すことになる。

「二か月働いたら二か月休むという勤務形態でした。雇用主が社会保険を支払わなくて済むように、こういう形態になっているのですが、収入を考えるとこのまま続けていくわけにもいかず、悩んでいました」

その間もハローワークに通ったり、就職セミナーに行ってパソコンスキルを学ぶなど、正社員就職に向けて努力を続けるも、なかなかうまくいかない。

草柳さんは実家で両親と暮らしているが、父は八〇代、母は七〇代と高齢でいつまでも頼るわけにはいかないことは明らかだ。

そこで彼女は今後、生きていくために、一つの決断をする。それは障害者枠で就職することだった。公務員を退職した後もずっと治療を続けてきた草柳さんは精神障害者三級の手帳を取得していた。ハローワークの障害者雇用コーナーで就職活動を開始し、ほどなくして大手小売店に採用されたのだった。それから五年弱、店舗での仕事を続けている。

「バックヤードで梱包作業などを中心に作業していますが、店舗に出ることもあります。これまで事務職が中心でしたが、接客業も楽しく感じることが多いですね。職場での人間関係も良好で、ストレスなく働けています。障害者枠で働いていることを周囲は皆、知っていますが、そのことで居心地が悪いと感じることはありません。むしろ気遣ってもらえることが多く、感謝しています」

身分はパート。時給は一〇〇〇円ほどで、月収一一万円弱だという。

「一番の心配はやっぱり収入面ですね。高齢の両親のことも含め、この先やっていかれるのかと不安になることもあります。それでも五年近く仕事を続けられていることが、小さな自信になっているので、これからもあきらめず、前に進んでいきたいと思っています」

草柳さんは長く続いた苦しい日々を抜けだし、生き生きと仕事に向き合っている。しかしそもそも彼女は事務処理能力が高く、周囲への心遣いができる人だ。そんな彼女があえて障害者雇用を選んだ事実は何を物語っているのか――深く考えさせられてしまう。

正社員にはなったけれど

本章では、正規雇用で働いた経験のある女性たちについて取り上げた。いずれも学歴が高く、就職氷河期の中にあっても、正社員として就職することができた女性たちである。しかし、その多くは過重労働やパワハラ、イジメなどに遭遇し、短期間で退職に追い込まれていた。

一〇〇社以上にエントリーシートを送ったが内定を得られない、そんな苛烈な就職活動を経験してきた彼女たちにとって、転職が容易でないことは、身に染みてわかっている。

とりわけ今の二〇代は、非正規雇用が正規雇用に比べ生涯賃金や待遇などさまざまな面で不利な働き方であることを、子どものころから聞かされている世代である。こうした背景からも、内定した会社の条件や待遇に多少気になる点があったとしても〝新卒非正規〟や〝新卒無業〟になるよりはいいと入社を決める人も少なくなかったのだろう。

学卒後切れ目なく就職する新規学卒一括採用によって、日本の若年雇用はある意味安定していた。しかし、長引く不況のため、新規学卒者の就職率は下がり続け、就職氷河期の底と言われた二〇〇三年の就職率は五五・一%(文部科学省「学校基本調査」)と過去最低を記録している。

こうした中で、大学もまた、就職内定率を上げることに躍起になり、〝ブラック〟の疑いのある企業に学生を送り出していたとしたら、その罪は重い。

厚生労働省はブラック企業対策として、新規学卒者向けの求人やハローワークでの求人票に、過去三年間の採用者数と離職者数を明示することを求めている。強制ではないが、明示されていなければ、ブラック企業と疑われることにもなりかねない。ほかにも企業への指導監督の強化や相談ダイヤルの開設など、対策が実施されている。

高校や大学の中には、労働者としての権利を知るための授業などが行われているところもある。しかし多くの学校では、学生を企業に送り出した後については、ほとんど関知していない。

中卒の七割、高卒の五割、大卒の三割が三年以内の早期に離職する状況が長年続いている(図

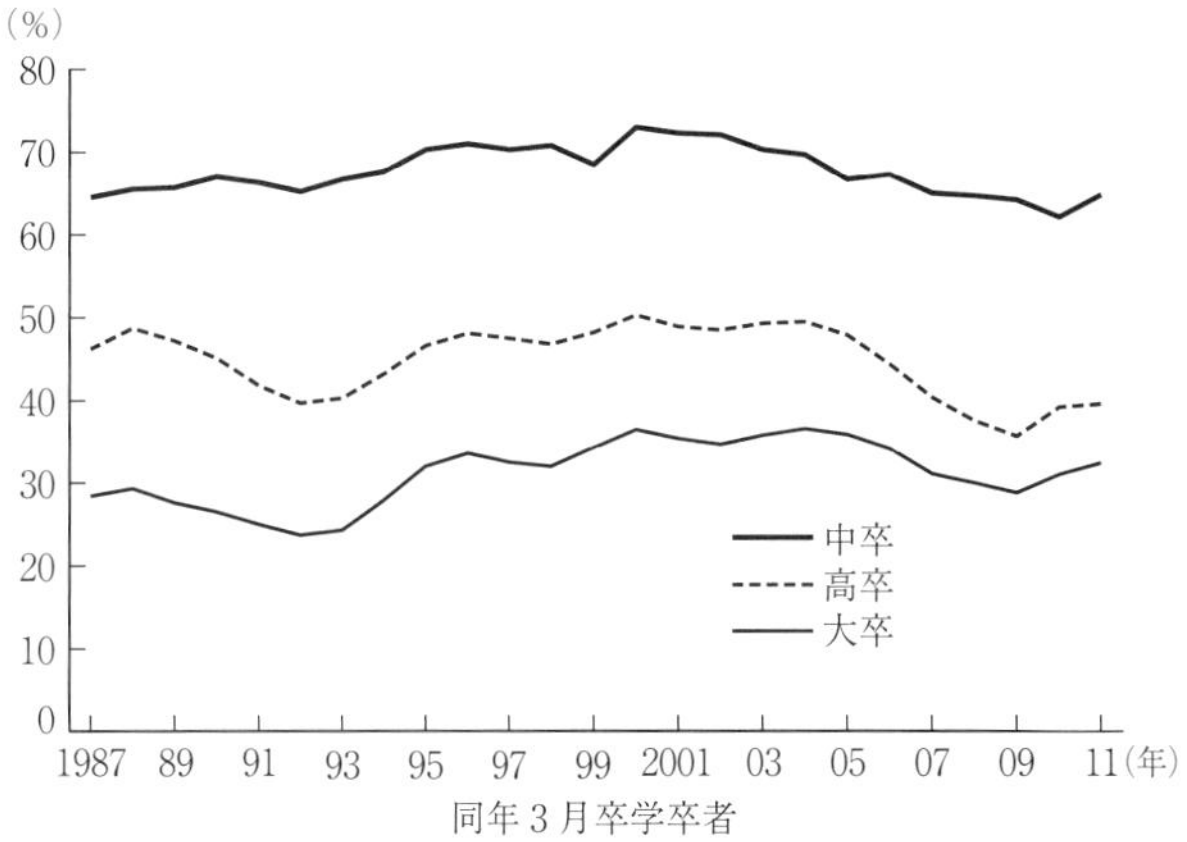

(注)雇用保険被保険者の記録を基に算出された結果である.
(資料)厚生労働省

図3-2　中卒・高卒・大卒別の3年以内離職率(七五三現象)

3−2)。内定を獲得することも重要だが、早期離職を防ぎ、ブラック企業への入社を防ぐためにも学校側にできることはまだまだあるのではないか。

女性たちの話からは、大量採用、大量離職という〝わかりやすいブラック企業〟ではなく、パワハラやイジメ、人間関係トラブルなど、〝実際に働いてみなければわからないブラック企業〟が大半であることがわかる。その背景には成果主義やゆとりのない職場環境があるのだが、しかし、女性たちの多くは、「仕事の覚えが悪いからイジメられる」「体力がない自分に非がある」とすべてを自己責任に帰結させてしまいがちだ。

さらにパワハラ、イジメなどがトラウマとなり、働くこと自体が困難になるケースも少なくない。働く能力がある人が働けないことは、本人にとってはもちろん、社会にとっても大きな損失である。

学歴が高く、内定を得られた、恵まれた立場の女性たちでもこの状況だ。結局のところ、一人の女性が自立して働く道はまだまだ厳しく、その必然性や重要性自体、理解されていないように思われる。

4章では、さらに厳しい状況に追い込まれがちな、非正規雇用で働く女性たちについて取り上げる。

4章　非正規という負の連鎖

学歴と非正規雇用率

二〇〇〇年代以降、雇用の非正規化が進み、働く人の三人に一人が非正規雇用という状態が続いている。東証一部上場企業では二〇一四年から三年連続で二%を超える賃上げが実施されているが、それでも非正規雇用率はまったく変わっていない。とりわけ若者の雇用の非正規化は著しく、それが最も進んでいるのは、若年女性である。

かつて一割程度だった若年女性(一五〜二四歳)の非正規雇用率は今や四割にまで達している。とりわけ非正規雇用率には、学歴による差が大きいことが明らかになってきた。二五〜三四歳の女性で高卒まで(中卒、高校中退含む)の学歴の場合、非正規比率は六割近くに達しているが、大卒以上の学歴の場合、三割程度に留まっている(図序-2)。

非正規であるがゆえに賃金が安く、解雇もされやすい。一五〜三四歳の女性の完全失業率はここ一〇年ほど四%程度を続けているが、高卒までの学歴の場合、八%程度に高止まりしている。

また最初に就いた仕事が非正規であると、経験やキャリアを積み重ねることができず、正規雇用へ転換することが難しい場合が多い。

高卒女性の困難

近畿地方に住む有明ゆきさん（二九歳）は高校を卒業した後、長年、非正規雇用を続けてきた一人だ。正社員を目指して就職活動をしたが、地元には求人自体が少なく、高校卒業ギリギリで見つかったのが、不動産会社の事務職だった。

「非正規でしたが、希望していた事務職だったので、頑張って働いて実績を積もうと考えていました。でも不動産会社の業績不振で一年ほどでリストラされてしまったんです。営業職を切るわけにはいかないから仕方ないですよね。その後、歯科助手のアルバイトなどで何とか食いつなぎ、ようやく父親の知人の紹介で資材会社の事務に採用が決まりました」

しかしここが大変な会社だった。事務とは名ばかりで有明さんに任されたのは検品と在庫管理の仕事だったという。

「連日、重い部品を一人で持ち上げて検品作業をしなくちゃならなくて、体がとにかくしんどかったです。社長からのパワハラもひどく、毎日怒鳴られてものすごく苦痛でした」

紹介で入ったこともあり、三年間耐え忍んだが、退職。失業保険を受けながら仕事を探したが、有明さんの住んでいる地域では、アルバイトの求人すらごくわずか。仕事を探すため、都市部への引っ越しも考えたが、ギリギリの生活で、敷金礼金など、引っ越しにともなう費用を払うゆとりはなかった。幼い時に母親を亡くし、父親に男手一つで育てられた有明さん。その後、父親は再婚し、新しい家庭を築いていることもあり、頼ることはできないという。

失業保険が切れる直前、ようやく見つかったのが、家族経営の電気店のパートだった。

「高齢の夫婦でやっていたお店で従業員は私一人。特にその奥さんからの干渉がものすごいんです。掃除の仕方が悪い、字の書き方が汚いとか……私の行動すべてを逐一チェックして批判される。庭の掃除や自宅の大掃除までやらされて、時給は最低賃金の七五〇円。でも蓄えがまったくなかったし、この仕事すら決まらなかったことを考えると辞めることはできませんでした」

そうこうしているうちに有明さんの体に異変が現れる。

「夜、眠れなくなってしまって、一日中体がだるく、しんどい状態になりました。医者に行ったら睡眠薬と精神安定剤を処方され、すぐ仕事を辞めるように言われました」

有明さんは退職するが、次の仕事を探せる状態ではない。どうにもならず役所に相談したところ、生活保護受給を勧められたのだった。それから約半年、生活保護を受けながら職業訓練に通い、次の就職の機会を探ることになった有明さん。

「役所に助けを求めて本当に良かったと思っています。あのまま誰にも相談することなく一人でいたらどうなっていたことか……」

しかし半年後、有明さんが飲食店の事務バイトに決まると生活保護はその時点で打ち切られた。

「精神科に通っている状態だったので、とても不安でした。今は月収一二万円。家賃を払うとあっという間になくなってしまいます。仕事の掛け持ちも考えますが、バイトなのに〝サービス残業〟があってままなりません。夜、テレビをつけている時は電気をつけないとか、納豆ご飯だけでやり過ごすとか、できる限りの節約術はほとんどやっています。正直、生活保護を受けていた時のほうが精神的には余裕がありました。健康状態の心配もあり、いつまでこの生活を維持できるか、不安な毎日です」

一人暮らしの有明さんは、体調不良や失業など、誰にでも簡単に起こり得る出来事によって瞬く間に生活が困窮し、生活保護を受給するに至っている。今も仕事をしているものの、月収一二万円ではギリギリの生活で、いつ困窮状態に陥っても不思議ではない。

非正規雇用に従事する女性（一五〜三四歳）の八割が、平均年収二〇〇万円未満という統計があるように、有明さんの置かれた状況は決して特別なものではない。

また3章で取り上げた過重労働やパワハラなどは、正規だけでなく、非正規雇用の現場でも変わらず存在する。非正規の場合、契約期間の更新について上司に掌握されており、パワハラ被害に遭っても訴えづらいなど、弱い立場ゆえの困難に直面する場合もある。「非正規なら気楽で辞めやすい」と考えるのは間違いであることは、有明さんのケースを見れば明らかだろう。

中退はさらに厳しい

「氷河期世代三〇人」のうち、一六人が「非正規雇用のみ経験」「就労経験なし」だった。学歴を見ると中卒三人、高校中退四人、高卒三人、短大中退二人、短大・専門学校卒二人、大卒二人。大卒二人は趣味ややりたいことを追求するため、あえて非正規を選んでいる人たちだった。一方、正規雇用経験がある人は一人を除き、全員が大卒であった。学歴が非正規雇用率に大きな影響を与えていることを裏付ける結果であると言える。

その背景の一つには、若者の高学歴化があるだろう。大学進学率は上昇を続け、一九九一年には三九%(短大含む)に過ぎなかったものが、二〇一五年には五五%(短大含む)に及んでいる。

ちなみに一九九一年に高卒女性の正規雇用比率は六〇%代を維持していたが、二〇一五年には

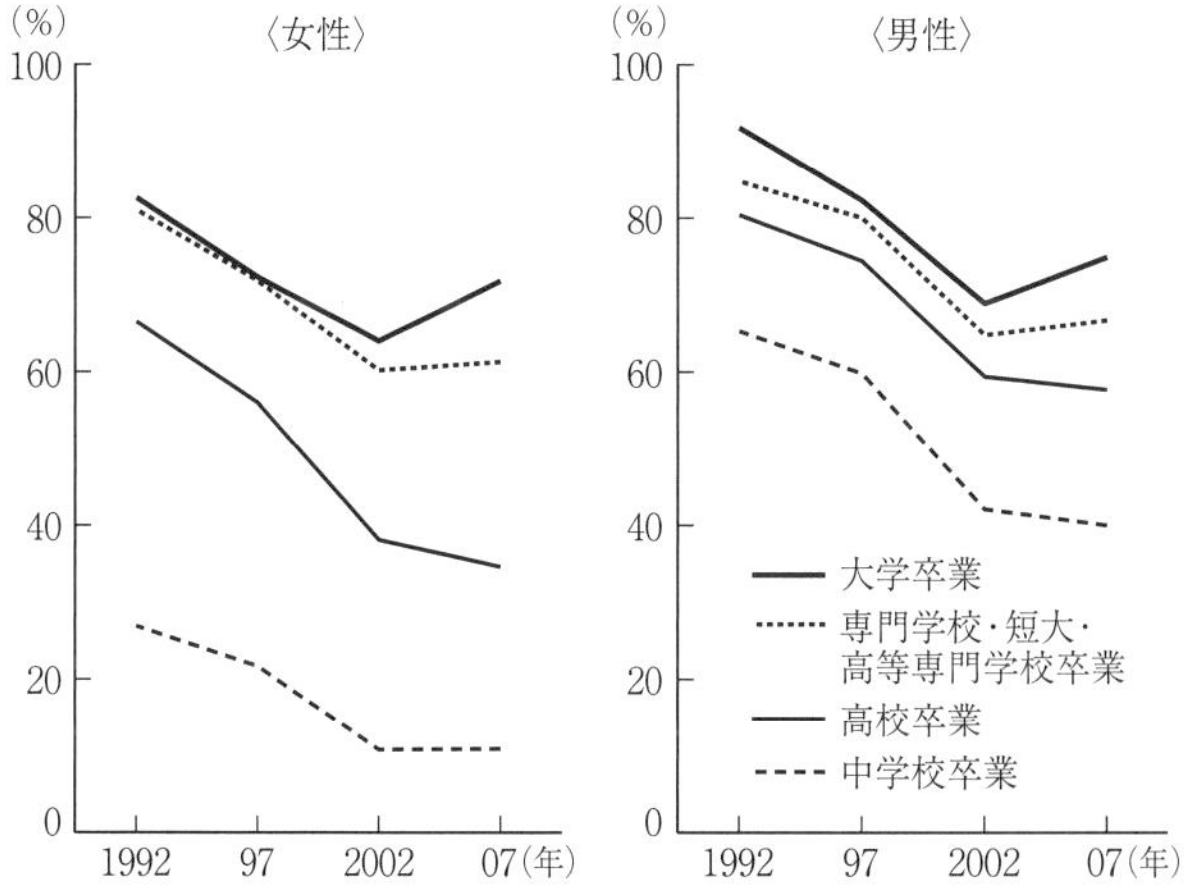

(注)在学者を除く.
(出典)内閣府男女共同参画局『男女共同参画白書 平成22年版』

図4-1 若年人口(20〜24歳層)に占める正規従業員の比率(性別)

三〇%代にまで落ち込んでいる(総務省統計局「就業構造基本調査」による。一〇〜二四歳、在学中を除く)。

高卒女性の非正規率が高いことについて、若者の非正規雇用問題に詳しい労働政策研究・研修機構の小杉礼子さんは、次のように分析する。

「高卒男性は、たとえば自動車工場のラインなど、生産工程の仕事の正規雇用に就く人が多い。この仕事なら技術を積み重ねて行かれますし、賃金上昇が期待できます。一方、高卒女性の需要が多いのは販売員やウェイトレスなど、雇用の非正規化が進んでいるサービス系の職種。かつて高卒女性には事務職の需要が多くありましたが、今、事務職は大卒女性で占められるようになっています。結果として高卒女性の仕事は非正規がメインになってしまうのです」

中でも困難を抱えているのが、高校を中退した女性たちだ。二〇一二年の調査では、中退女性（二五～二九歳）の非正規雇用率は八九％と非常に高く（高卒女性は五六％、大卒女性は二八％）、完全失業率も一七％（高卒女性九％、大卒女性五％）に及ぶ（ＪＩＬＰＴ「大学等中退者の就労と意識に関する研究」二〇一五年より）。

2章でも見たように、学校を中退すると社会との接点が切れてしまうことが少なくない。また高卒で正社員就職を希望する場合、学校推薦など、学校経由での就職がメインとなる。それを利用できない高校中退者は、仕事を個人で探すことになるが、正規の求人は探しづらく、非正規で働く選択をせざるを得なくなる。

また家庭に経済的余裕がなく、稼ぎ手として親を支えていくために中退を選択した高校生たちも少なくない。

久保田愛さん（一七歳）もまた家族の経済的事情を慮《おもんぱか》って高校を中退した一人だ。現在はコンビニとトンカツ屋でのアルバイトを掛け持ちして働いている。

「毎朝六時から九時までコンビニ。すぐに着替えてトンカツ屋に移動して、一〇時から一四時半までのランチタイムの営業に入ります。その後、一度家に帰って、また一七時半にトンカツ屋に戻って二一時半まで働くことが多いですね。完全オフは週に一日あるかないか。時給はコンビニが九〇〇円、トンカツ屋が八八〇円です」

大変な状況に思えるのだが、明るく語る彼女には屈託がない。

久保田さんのように、バイトを複数掛け持ちしている女性は少なくない。それぞれのバイト先での労働時間を合わせれば健康保険や厚生年金など社会保険に加入できるはずだが、勤務先が異なるため、対象外になってしまう。

3章で紹介した「働く女性の全国センター」(ACW2)の電話相談には、週五日三時間(週一五時間)というような短時間のパートを複数掛け持ちする女性たちからの相談が急増している。「もっとシフトに入りたい」と申し出ても断られるのだという。二〇一六年一〇月から、社会保険加入の対象となる労働時間が週三〇時間から週二〇時間

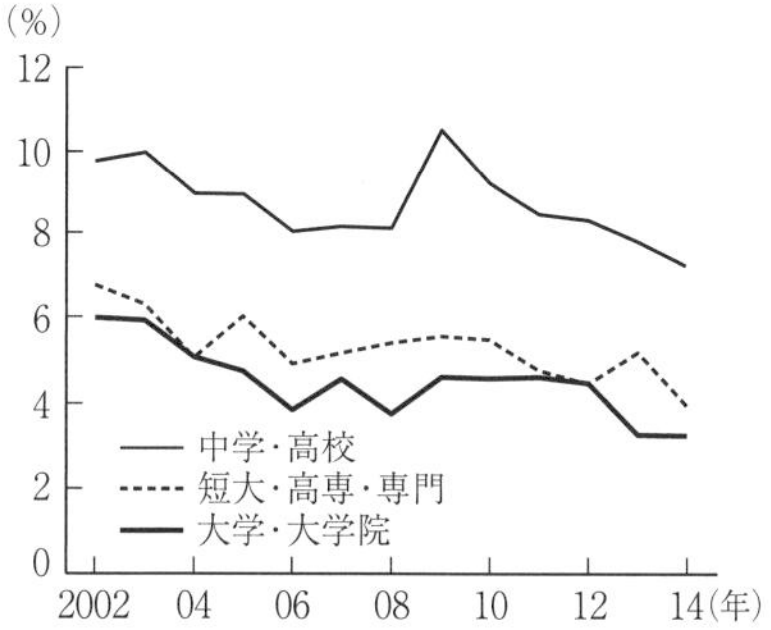

(出典)小杉礼子「若年女性に広がる学歴間格差」小杉・宮本編著『下層化する女性たち』

図4-2 15〜34歳女性の学歴別完全失業率

に引き下げられる。このため、勤務を二〇時間以下にすることで社会保険逃れをしようとする悪質な雇用主が増えていると、同センターは分析する。

社会保険加入対象者の拡大はパート労働者の処遇改善に繋がるはずだ。しかし労働時間を制限する雇用主が増えれば、パート労働者は複数の仕事を掛け持ちしなければならなくなり、状況は悪化しかねない。

久保田さんが高校を中退したのは、一年生を終えたタイミングだった。通っていた高校は大学進学率が高かったのだが、経済的な理由から大学進学の予定がなかった久保田さんは居づらさを感じるようになったという。

「将来の夢が見出せない」と教師に相談すると、「とりあえず大学に向けての勉強をしながら考えたらいい」と言われたという。母親には、「高校くらい行っておけば」と言われたが、中退について、強く反対されることはなかった。

久保田さんの父親はトラック運転手、母親はパートの掃除スタッフとして働いているが、収入は不安定なのだという。三歳年上の姉もカラオケ店と水商売をかけもちしている。久保田さん自身も高校在学中は、回転寿司店でアルバイトをしていた。

「経済的に苦しいことは何となくわかってて……高校とバイトを両立するよりもちゃんと働

いて、親を助けたいと思っていました」

収入の大半を実家に入れているというが、それでも足りず、親が久保田さんの財布から無断で持ち出すことがあるという。

「家計が厳しいことはわかっているから、一言言ってくれればいいのに。そういうことで親と口論になることはよくありますね。いつか貯金ができて夢が定まったら、通信制の高校に通いたいです」と話す久保田さん。

文句一つ言わず、早朝から夜遅くまでバイトを掛け持ちしながら働く彼女の姿には本当に頭が下がる。一方、久保田さんの姉も含め、年若い娘に経済的に頼っている両親に対しては、批判的な目を向けてしまいたくなる。

彼女は進学しないことについて、「将来の夢が定まっていない」と自己責任として捉えようとしている。親から「経済的に厳しいから中退してくれ」と言われたわけではないが、空気のような意図を感じ、中退に至っているのだ。

現在、子どもの貧困対策の一つとして、公立高校の学費の無償化が実施されているが、これだけで皆が学校に通えるようになると考えるのは甘いのだということが、久保田さんのケースを見ているとよくわかる。高校を卒業したほうが、将来の可能性が拡がることは明らかだが、その日の暮らしに追われていると、子どもも親も将来に対する青写真が描けなくなる。支援ももちろん重要だが、子どもに対するだけでなく、親への積極的支援と介入が必要ではないだろうか。

学歴と個人の資質や能力が比例するとは思えないし、学歴偏重社会を肯定するつもりはない。しかし、高校卒業率が九割近くに達し、求人募集も高校卒業を要件とするものが大半を占める現在、高校卒業資格を持たない不利はあまりにも大きい。

中退を決断した時の久保田さんはこの不利についてどこまで理解していたのだろう？　親が理解していないのなら、教師が将来を判断するための情報提供を行うべきだ。さらに私たちは、低学歴が非正規や貧困の連鎖に繋がる理不尽な現実を変えていかなければならない。

高学歴ワーキングプア

学歴が低いほど非正規雇用率が高まると述べてきたが、学歴が高ければ正規雇用に就けるかといったらそう簡単ではない。3章で見たように、パワハラや過重労働などが原因で正社員の仕事を辞めた人も少なくない。

また資格や専門知識が必要であるにもかかわらず、非正規や短期契約での募集しか行っていない職種や、賃金が非常に低く抑えられている仕事がある。前者ならば、図書館司書、非常勤講師などが、後者ならば、保育士や介護士などが、それにあたるだろう。また司書、保育士、介護士など、男性よりも女性の数が多い仕事であることも、決して偶然ではないはずだ。

インタビューした女性たちの中にも、大学職員や小学校教員、図書館司書、保育士として非常勤で働く人がいた。いずれも高学歴で資格を持っているのに、収入は低く、生活も厳しい状態だという。

学芸員の資格を生かし、博物館で働く竜田知子さん(三二歳)もその一人だ。博物館のほか、スーパー等での販売の日雇いバイトの仕事も掛け持ちしている。

「収入が不安定なのが一番困りますね。博物館の仕事は展示会前後に集中します。それ以外の期間は仕事も収入もなくなってしまうので、日雇いバイトでしのぐしかありません」

日雇いバイトも朝から夜までフルにシフトが入ることはなく、待機時間が多く効率の良い仕事ではないのだという。

収入は多いときで月一四万円ほど。大学と大学院の時に日本学生支援機構から借りた奨学金七〇〇万円の返済が月五万円弱あるため、実家に頼らざるを得ない状況だという。

「父は他界していて、母と二人です。母は介護ヘルパーの仕事をしていますが、夜勤もあるので、六〇歳を過ぎた母にはキツイ仕事だと思います」

竜田さんは美術、芸術関係の仕事がしたいと国立大学の大学院で勉強を重ねた。身につけた専門性を生かせる就職先を探したが、芸術やアート系の求人は狭き門だった。そこで気持ちを切り替え、大学院修了後は、大手通信会社の子会社に正社員として入社した。

「ここが今で言う〝ブラック〟的な会社でした。コールセンターに配属され、毎日一二時間近く働きましたが、みなし残業を導入しているので、手当が付くことはありません。勧誘の電話をかけ続ける日々にボロボロになっていたころ、突然会社が倒産。社員は一斉解雇されました」

会社は差し押さえになり、賃金の未払いもあったという。

「これも何かの運命かなと思いました。それで一般企業への転職は考えず、目指してきた道にもう一度チャレンジしようと決めたんです」

その後、アート関係のワークショップの企画など、短期契約の仕事を経て、現在の仕事にたどり着いた。今も博物館等の学芸員や研究員など、専門性を生かした正規職の求人に応募しているが、募集自体が非常に少なくうまくいかない。

「現在の仕事にはやりがいを感じていますが、先のことを考えると不安です。今の時代、ブラック企業を厭わず、プライベートを犠牲にして働くか、時間はあるけど貧困がけっぷちのワーキングプアになるかの選択肢しかないのでしょうか」

官製ワーキングプア

公立小学校の保健室で非常勤の養護教員として働く牧さおりさん（二五歳）は、新卒で非正規雇用を選ばざるを得なかった。非常勤といっても、仕事はフルタイムで、勤務の実態は他の教員と変わらない。教員の採用数が限られる中、牧さんのように非常勤教師からスタートする人が増えている。

牧さんは出身地を離れ、採用された学校のある県へ住まいを移し、一人暮らしを始めた。給与は総支給額で二〇万円弱だが、夏休みなど学校が休みの期間は給与が支払われないため、一人暮らしを維持していくのは大変だ。それでも教員の夢をあきらめたくないとアルバイトをすることを思い立つが、副業規定に引っかかる上、部活の顧問も引き受けていて時間的余裕がまったくない。顧問といっても時間給が出るわけではなく、年度末に手当として一〇万円が支払われる程度という。

ここ一〇年ほどの間に、国家公務員や地方公務員などが、非常勤職員に置き変えられている。

現在、国の行政機関で勤務している非常勤職員の数は七万人。さらに地方自治体等で働く嘱託、臨時、委託職員をあわせるとその数は数十万人にも上る。

安定した雇用条件の下で働いているイメージが強い公務員の中に、非常勤で働く職員が増えており、働いても生活が立ち行かない〝ワーキングプア〟状態を強いられている人々がいる――こうした状況は〝官製ワーキングプア〟と呼ばれている。求職者の相談に乗っているハローワークの職員が、一か月後にはカウンターのこちら側で求職者として相談をする立場になっているかもしれないのだ。

図書館の司書として長年非常勤で働いている友川由美さん(三九歳)は、数年前に非正規職員で作る組合を立ち上げた。友川さんは大学を卒業後、出版社勤務を経て、図書館司書の資格を取り、公共図書館へ就職した一人だ。一年更新を一〇回以上繰り返している。子どものための読み聞かせや、特別展示の企画やイベントを担うなど、専門性が高い、欠かせないスタッフだ。

だが現在、経費削減を理由として、図書館業務を民間企業等にアウトソーシング(業務委託)する市町村が急増している。友川さんの勤める図書館のある市町村でも、業務委託の動きが進んでおり、もし決まった場合、友川さんが司書の仕事を続けられる保証はどこにもない。

「いつの間にか司書の仕事は、官製ワーキングプアの代名詞のようになってしまいました。

私は実家に暮らしているので、何とか生活できていますが、若い職員のためにも一石を投じたいと活動しています」

和光大学現代人間学部教授で、新聞記者時代、〝官製ワーキングプア〟という言葉を最初に用いた竹信三恵子さんは次のように話す。

「公務員の非正規化は小泉政権時代にさかのぼります。三位一体の構造改革の流れで、地方自治体への交付金が削減された結果、人件費を抑えようと公務員定数がどんどん削減されてきました」

さらにこの状況に拍車をかけたのが、二〇〇〇年代に吹き荒れた〝公務員バッシング〟の機運。財政が逼迫する中、人件費を削減し、税負担を軽減させるべきという世論が圧倒的だった。

「最初に非常勤化されていったのが、〝ケア的公務〟。介護、窓口対応、図書館司書など、住民と直接接することが多い公務で、どちらかといえば、女性が担うことが多い仕事でした」

さらに〝官製ワーキングプア〟を巡る状況は劣悪化、不可視化してきている。当初は自治体等と直接に雇用契約を結ぶ非常勤職員が多かったが、現在では、先に書いたように業務全体を企業等に委託し、委託された企業等が非正規を含めたスタッフを雇用する形態が増えてきている。

たとえば図書館運営や児童館運営などを丸投げしてしまうため、行政は委託先のスタッフの労務管理を行う必要はない。スタッフもまた行政に直接雇われているわけではないので、仕事上の改善点や利用者からの要望などを行政に直接伝えることは難しいのだ。

この状況は被雇用者側の貧困を生み出すという問題にとどまらず、国や地方自治体のサービス提供において、深刻な事態を引き起こすと竹信さんは警鐘を鳴らす。

「慢性的な人手不足は、行政サービスの劣化を招くことになります。ここ十数年の間に公的なサービスの需要は急増しています。グローバル化の中での雇用の不安定化、社会の貧困化、家族福祉の弱体化などにより、保育、介護、生活保護、就労相談など、行政サービスの需要は高まる一方です。仕事量は増えるばかりなのに、人件費は減る一方——その矛盾をすべて受け止めているのが、非正規公務員なのです」

果てしない求職活動

就職活動をした年の景気状況によって、その結果は大きく左右される。「バブル時期だった」「景気が上向いたタイミングで運が良かった」という人もいれば、その逆もしかり。しかし、運やタイミングの良し悪しがその後の人生に影響を及ぼし続けるとしたら、それは理不尽な話と言えるだろう。

就職活動をする時期が就職氷河期に重なってしまった安藤結衣子さん（四二歳）は、そんな理不尽を経験してきた一人だ。安藤さんが卒業したのは男女雇用機会均等法が制定されてから一〇年経った一九九五年。均等法によって、男並みに働く「総合職一期生」が誕生したものの、それはごく一部に限られており、それ以降も補助的な業務中心の一般（事務）職として働く女性が圧倒的多数を占めていた。しかし、九〇年代に入ると経済不況に加え、オフィスのＩＴ化、グローバル化の影響も受け、事務的、補佐的な仕事は激減。一般職の採用を控える企業が増え始め、彼女たちの担っていた仕事の多くは、派遣などの非正規に置き換えられていった。まさにその潮目となったのが、就職氷河期だった。

同時期、「就職先がない女子大生」と「正規はいらないが、若い女性は欲しい大手企業」、相方のニーズに目を付けた派遣会社パソナによって一九九五年に始められたのが、「新卒派遣」だ。実務経験のない新卒者に対し、派遣会社が研修を実施し、ある程度のスキルを積ませた上で、企業へ派遣する。現在、「新卒派遣」は、「紹介予定派遣」として、派遣期間満了後、派遣先と労働者の合意があった場合、派遣先に直接雇用されるという形になっているが、スタート時はそのような仕組みはなかった。

安藤さんはそんな「新卒派遣」として、大学を卒業した後、働き始めた。

「就職活動がうまくいかず、途中で公務員志望に切り換えたのですが、不合格になってしまいどうしようと思っていた時に知ったのが、新卒派遣でした。最初の半年間、派遣会社にお金を払ってビジネスマナーやＯＡ機器の操作などの研修を受け、そこである程度、知識が身についた後、大手部品メーカーの経理部に派遣されました」

仕事熱心な安藤さんは職場で重宝がられた。任される仕事は派遣も社員も変わりなく、残業も、休日出勤もこなしたという。時給は一三〇〇円程度。同社は三年前まで一般職の新卒採用があったため、安藤さんと同年齢の短大卒の女性も正社員として働いていたが、「仕事を覚えたい」という前向きな気持ちが強かったので、卑屈になることはなかったという。

そうして二年が経とうとしたころ、安藤さんは「四月から正社員として働かないか」との打診を受ける。

「直属の上司からだったのですが、自分の仕事がそれなりに評価された結果だと嬉しかったです。ところが「人事との形ばかりの面接を設定するから」と言われたまま、なかなか話が先に進まなくて……。そうしたらある日、上司に呼ばれ、「あの話はなかったことにして欲しい」と言われたんです。ショックでした」

ほどなくして安藤さんは、新卒採用を一時的に再開した同社が採用した短大卒の新入社員が自分の代わりに入社してくることを知ったのだった。それでも彼女はその新入社員に一か月かけて、丁寧に引き継ぎを行い、二年の派遣を満了した。

一般事務職の採用を中止した大手企業も、人員補充のため、一時的に採用を復活させた年があった。就職氷河期にも若干の波があり、卒業した年がたった一、二年違うだけで、就職状況が変わってしまう現実がある。

「経理部の同僚にも私が正社員になるらしいという話は伝わっていたのですが、私が辞める時には「安藤さんには声をかけたけれど、本人が断った」ということに話がすり替わっていました。バツが悪いから上司がそういうことにしたんでしょうけど、人間不信になってしまいました」

その後も、安藤さんは経理関係の仕事を中心に、派遣先企業で働いた。早い時期から派遣に登録したことでスキルを持つことに自覚的だった彼女は、派遣先を数社替わりながら、資格スクールに通い、簿記二級検定に合格。

そして三〇歳を過ぎたころ、ＩＴ関係の正社員として就職することになった。

「ＩＴバブル全盛の時代、若手中心に作った会社で勢いがありました。私も経理の仕事全般を任されていました」

ところが働き始めて二年半が過ぎたころ、株式上場に失敗した同社の業績は悪化。安藤さんはリストラという形で同社を辞めた後、経理のスキルを見込まれ、同社と合併する予定だったIT関係の会社に引き抜かれた。

「その会社も短期間での上場を目指していたのですが、スケジュールが急過ぎて仕事が追いつかず、毎日終電まで作業することになりました。帰宅が一時をまわるので、睡眠時間は四～五時間程度。休日は死んだように眠る生活でした」

そんな生活を三か月続けたある日、彼女は原因不明の高熱で寝込んでしまった。

「起き上がろうとしても、体が言うことを聞かないんです。医者から勧められて精神科に行くと「診断書を書くからすぐに休職するように」と告げられました」

それから二か月ほど休職した後、復帰せずに退職。再び、転職先を探すことになった。ところがこの転職活動が非常に難航したと、安藤さんは振り返る。

「派遣に戻るのだけは嫌だったので、経理関係の正社員に絞って探しました。でも全然面接に進めない。派遣が長かったことに加え、前の会社をたった三か月で辞めてしまったせいではないかと自分を責めました」

安藤さんが退職したのは二〇〇八年末。リーマン・ショックで失業者が急増し、日比谷公園に「年越し派遣村」が作られたあの時期だ。彼女はその時、三五歳になっていた。

「家族と食事をしている時、テレビで派遣村の映像が流されると、自分のことのようでいたたまれなかったですね。元公務員の父は就職で苦労したことがないせいか、とても厳しいことを言う。「なんでいつも仕事が続かないんだ」とか「結婚もしていないでこの先どうする気だ」などブツブツと……。母も「最初の会社で正社員になれていればねぇ」とかしょうもないことを言う。家にいるとストレスがたまる一方で本当につらいんです」

父の手前、安定した仕事に就かなければというプレッシャーが安藤さんを苦しめていた。休みなく次の仕事を探したが、正規雇用は見つからず、失業してから約一年後の二〇一〇年、正規をあきらめ、非正規の仕事に就くことを決めた。大学の経理で、三年で雇い止めとなる仕事だった。

「雇い止めになることはわかっていたので、常に転職先を探していました。もう何通履歴書を書いたかしれません。とはいえ働きながらなので、面接に行くにも時間的制約があってなかなか難しい。結局、正規での仕事は見つからず、次も別の大学の非常勤職員の仕事に就くことになりました」

それが現在の仕事だ。週五日、九時半から一六時半という契約で、月収一〇万円弱、手取りは七万円にも満たないという。また三年で雇い止めになるため、現在も時間を見つけては転職先を探し、履歴書を書いている。

果てしなく続く転職活動……。

「一人暮らしだったらとっくに飢え死にしていますね。採用面接に出かける際の交通費負担さえ、つらいと思ってしまう状況です。それでも家にはお金を入れています。以前は六万円ほど入れていたのですが、今は三万円にしてもらっていますけれど。父が言うように、自己責任の部分もあると思う。安定した職が見つからないのは、スキルが足りないから。もっと自分を磨いて、キャリアを積み重ねていかなくては……」

振り返れば、新卒で派遣社員となって以来、常に自分のキャリアと向き合ってきた安藤さん。不安定な立場だったからこそ、人の何倍も努力を重ね、専門性を高め、自身のキャリアパスに自覚的であったはずだ。ただ、生まれた年や大学を出た年、転職活動をした年などの巡り合わせによって、たまたま安定した職場にたどり着いていないだけであり、それは決して自己責任などではない。

「将来については、具体的には考えられません、結婚についても……。今の私の立場では結婚しても相手に依存することになるでしょう。才色兼備の若い子ならいざ知らず、私のような立場の人間で結婚しようだなんておこがましいと思ってしまう(笑)。とにかくどう転がるにせよ、きちんとした仕事に就くことが先決です」

三五歳を過ぎての転職活動は非常に厳しかったという安藤さんの言葉のように、年齢が上がれば正規はもちろん派遣も含め、採用されること自体、難しくなるというのは事実だ。安藤さんより少し上の世代のバブル期に就職した女性たちにも話を聞いたが、彼女たちの場合でも、飛び抜けたキャリアや資格などがない限り、一度非正規の仕事に就いてしまうと正規に戻ることは難しく、三五歳を過ぎるころから、派遣等でも仕事がなかなか見つからない状態に陥っていた。

とりわけ女性の価値＝若さという考え方が厳然と存在しており、年齢が上がるにつれて条件のいい仕事に就くことは難しくなっていく現実がある。

繋がる場をつくる

派遣など非正規の場合、職場の同僚などと繋がる機会も少なく、孤独を深めている人がいる。
長年、女性のキャリア相談を行ってきたキャリアカウンセラーの錦戸かおりさんは、最近、非正規シングル女性たちのための集いをスタートさせた。キャリアカウンセラーというと、キャリアを積み、成功している女性が利用するイメージがあるが、錦戸さんのもとには、非正規雇用の女性たちも多く相談にやってくる。「懸命に頑張っているのにうまくいかない」「他人と比較して落ち込んでしまう」「将来このまま一人だと思うと不安だ」など、それぞれの悩みは深い。

「同じ立場の人が語り合うことで、気持ちを楽にしてもらい、生きる元気に繫げて欲しい」と錦戸さんは話す。集いでは近況を自由に語り合ったり、今度の集いまでに小さな目標を一つ決めて、皆の前で達成できたかを分かち合ったりする。

「たとえば植物に水をやるとか、日記を書くとか、本当に小さなことでいいんです」

女性たちの多くが派遣やパートなどで複数の会社を転々としてきた経験がある。契約が満了するたびに、一から就職活動を始めなければならない。

「面接では「なぜ非正規を続けてきたのか?」「転職回数が多い理由は?」「どうして独身を通しているのか」といった質問を受けることがあります。質問するほうは気に止めなくても、女性たちはそうした言葉に深く傷つき、自分を肯定する気持ちを失っていくのです」

錦戸さんが集いを開く目的は、そんなふうに自信を失った女性たちに自己肯定感を取り戻してもらいたいからだという。

「正規で働いたことがないと、社内で育成される経験は乏しくなってしまいます。叱られた経験がない一方、褒められた経験がない。その結果、自分は何が得意なのか、長所は何か、わからないという人も少なくありません。履歴書に書かれていないプラスポイントがいっぱいあるのに、本人もそれに気づいていないんです」

だからこそ、ありのままの自分を信じ、肯定する機会をつくる必要があるのだと錦戸さんは言う。

突然の病気と非正規シングル

ここまで若年女性と非正規雇用について見てきた。非正規雇用という働き方を否定しているわけではない。過重労働を強いられ、身も心もボロボロになるくらいなら、自分のペースでほどほどに働きたいと思う人もいるだろう。一方で、非正規という働き方は、病気やケガといった不測の事態に直面した時、非常に危うい側面がある。シングルである場合、なおさら事態は深刻化する。

栗原さちさん(四三歳)は、二〇歳で専門学校を卒業した後、長年、非正規雇用で働いてきた。

「芸術関係の専門学校だったこともあり、まわりにも就職せずにバイトを続けている人が多く、抵抗はなかったんです。当時はまだバブルの名残が残っている時代で、仕事探しに困ることはありませんでした」

栗原さんは、四年ほど、警備員、新聞配達、事務員、工員など、バイトを転々とする生活を続けた。それでも警備員の日給は一万円程度あり、生活していくうえではまったく困らなかったという。

その後、栗原さんは市役所の清掃局のリサイクル課で委託職員として働き始めた。古紙回収や粗大ゴミの解体作業など、リサイクル全般を担当。年収は税込みで二八〇万円ほど。職場は家から徒歩五分。仕事は定時に終わるため、プライベートな時間も確保できたという。三〇歳になると実家近くに部屋を借り、ネコと一緒に暮らし始めた。将来に対する漠然とした不安はあったものの、一人暮らしのささやかな日常は、それなりに充実していたという。

「自由になる時間を生かしてさまざまな資格を取得しました。バスやトラックも運転できる大型二種や牽引、フォークリフト、危険物取扱者から、ワープロ二級、ビジネスコンピューター検定、さらにヘルパー一級と二級まで。統一感がまったくなくて笑えますよね」

栗原さんがリサイクル課で仕事を始めて一六年が経ったころ、ゴミ対策に関する行政の方針が転換され、課が廃止されることになった。その結果、彼女が委託されていた仕事はなくなり、転職を余儀なくされたのだった。

「いずれはなくなる仕事だと思っていたので、覚悟はできていました。ずっと非正規で来たけれど、今度は安定した正社員になりたいと考え、ヘルパー一級の資格を生かし、介護の仕事に応募しました。介護は売り手市場だったようで、すぐに次の仕事が決まりました」

ところが入職前に受けた健康診断で、栗原さんはがんに冒されていることを知る。

「転職先の入職式を一週間後に控えたある日、健診を受けた病院から突然電話がかかってきて、告知されました。転移しているかもしれないから、一刻も早く検査を受けるようにと……。あまりのショックに倒れ込んでしまいました」

すぐに手術が決まり、入院することになった栗原さん。せっかく採用された正規の仕事、何とか続ける方法がないものか考えたものの、先の見通しはまったく立たず、諦めざるを得なかった。

「病気になると独り身は本当につらいです。親は近所に住んでいるのですが、父が重度の認知症で、母はその介護で手いっぱい。最近は、手術後に入院ではなく、日帰りで抗がん剤を投与するというケースが多いんですけれど、付き添ってくれる人がいないと大変なことになります。私は団地の五階に住んでいるのですが、古い団地なので階段しかなくて、家に帰るだけでも大仕事でした」

幸いなことに栗原さんの場合、病気がわかった時から、幼なじみが一緒に住んでくれることになったため助かったというが、一連の出来事で人生観が一変したという。

「幼なじみもシングルでネコを飼っていて、留守の時などに鍵を預けて、互いにネコの面倒をみたりしていたんです。手術当日の付き添いとか、役所の窓口で必要書類を集めるとか……本当に彼女がいなかったらどうなっていたことか」

がんは転移もなく、初期で見つかったこともあり、現在の経過は良好だ。

「正規で働いている、結婚してパートナーがいるという状況なら、突然病気になっても、収入が途絶えるということはないでしょう。でも非正規でシングルだと一気に収入を得る道が断たれてしまう場合があるのです。私の場合は月々の医療費が一〇万円。公立病院だったので差額ベッド代がかからず、助かりましたが、入院していても借りている部屋の家賃や光熱費等はかかってくる……。先行きを考えると本当に不安でした。実は退院が決まった時、病院のソーシャルワーカーさんに「生活保護がありますよ」と勧められたんです。確かに私は病気で、独り身で、働けないけど、いきなり「生活保護」になっちゃうのかと愕然としましたね」

退院後、転職先を探し、特別支援学級のアシスタントとして働き始めた栗原さん。体調のことも考慮し、現在は週四日程度、嘱託契約で働いている。税金もろもろを引かれると手取りは一三万円程度だが、体をいたわることが先決だと割り切っている。

栗原さんは今も、その幼なじみとルームシェアする形で一緒に住んでいる。

「シングルは気楽でいいと思ってきたけれど、いざという時の備えがないと大変なことになると知りました。類は友を呼ぶのか、私のまわりには独身者が多いんです。留守の時にネコの世話をして欲しいと近くに越してきた友だちもいるくらい(笑)。そんなつかず離れずな仲間との繋がりをこれからも大切にしていきたいと思っています」

非正規雇用の闇

本章では、主に非正規で働く若年女性たちの現実について見てきた。

学歴が低いほど、非正規雇用で働いている割合が高く、初職が非正規雇用である場合、その後正規職へ転換することは容易ではない。正社員経験がある場合でも一度非正規のレールに乗ってしまうと、仕事経験が乏しい、年齢が高い、前職を短期間で辞めているなど、さまざまな理由によって、抜け出すことが困難になる。

雇用の非正規化は、公務にも拡がっており、働いても生活がギリギリの〝官製ワーキングプア〟状態に陥る人が増加。とりわけ女性が多い職場において、非正規への置き換えは進んでいる。

3章、4章で紹介した女性たちの事例を見る限り、正社員にしがみつきボロボロになって働くか、非正規雇用として貧困と隣り合わせで働くか、極端な二択しかない現実が明らかになってきた。能力が低いわけでも、努力が足りないわけでもない、むしろ病気になるほど自分を追い込み、必死で働いている人もいる。

厳しい状況に陥るか、陥らないかは、多くの場合、たまたまの巡り合わせによって決まってしまうように思えてならない。高校を中退した、職場でパワハラに遭った、就職した時期が超氷河期だったなどなど。しかしその巡り合わせは、一生つきまとう場合がある。自分一人の力では抜け出せない負の連鎖——そこから脱することができるよう、積極的な支援が必要である。

5章　結婚・出産プレッシャー

子どもが欲しい

シングル女性たちが抱える悩みの中には、仕事や家族との関係などに加え、結婚や出産に関するものも多い。とりわけ子どもを持つことに対する複雑な思いは、胸に迫るものがある。

寺本邦さん(三九歳)は、朝、目覚めるたびに何とも言えない焦燥感でいっぱいになる。

「ああ、これでまた私の卵子が一日老化してしまった。もう産めないかもしれない」と暗澹《あんたん》たる気持ちになるんです」

現在、付き合っている男性はいない。子どもを産むリミットは刻一刻と迫っているのに、こればかりは自分一人の力ではどうすることもできない。数年前から盛んに騒がれるようになった卵子の老化。この言葉を聞くたびに自分のことを言われているようで、胸をえぐられるような気持ちになるのだという。

「〝老化〟という言葉を持ち出すまでもなく、三五歳以上を過ぎると〝マル高〟と言われ、リスクの高い高齢出産となることくらい、知っていましたよ。最近、新聞やテレビなどで、三五歳以上になると妊娠率がぐっと落ち込むグラフとか、若い卵子と老化した卵子を比較した写真なんかを見る機会が増えました。もう十分わかりましたから、これ以上高齢者をいじめないでくださいという感じです」

寺本さんは大学卒業後、出版社で編集の仕事を続けていたが、三〇歳を機にフリーに転身した。

「若いころは仕事が面白くてたまらなかった。でも締め切り間近は徹夜も当たり前という状況に、これを四〇代、五〇代まで続けることはできないだろうと思ったのです。仕事のストレスのためか、生理が不規則だったことにも不安を感じていました。「いつか結婚して子どもを産みたい」という希望があったので、辞めることにしたんです」

寺本さんには、三〇歳になるころに出会い、五年ほど付き合っている男性がいた。

「私は将来を意識していましたが、向こうはそんな気がまるでなかったみたいで……。ズルズル付き合っているうちに、三〇代半ばになってしまいました」

仕事は順調で編集者時代以上の稼ぎを得ていたが、出版不況のあおりを受け、仕事が減り、年収二〇〇万円を切ることもあったという。

家賃を払うのが苦しくなり、実家に戻ることにした寺本さん。

「いい年をして年金暮らしの親を頼りにするなんて、情けないですよね。将来、親の介護をどうするのかという問題も深刻です。でもそれ以上に自分のことを考えると苦しくなってしまうんです。親が死んだ後、未婚、子なしの私はひとりぼっちになってしまう――その不安のほうが大きいんです。身寄りのないお年寄りの孤立死が社会問題になっています。でも孤立死は、実はもっと若い世代の間でも起こっている。とても他人ごととは思えません」

最近は週末も家にひきこもっていることが多くなった。そんな時、頭をもたげてくるのが、子どものことだ。

「今ならギリギリ間に合うかもしれないという思いと、これから出会い、結婚、出産……なんて段階を踏んでいたら時間切れになってしまうという思いが交錯しています。昔は恐れていた〝出来ちゃった結婚〟が今はうらやましいなんて……」

高齢出産に対しては否定的な意見も少なくない。胎児の健康へ与える影響や、体力的に育てられるのか、成人まで経済的な責任を負えるのかなどさまざまな批判だ。一〇代で産んでも、四〇代まで先伸ばしにしても、否定される世の中。

子どもが欲しいシングル女性にとって、卵子の凍結保存という方法も未来の出産可能性を拡げる選択肢の一つだろう。寺本さんも卵子の凍結について調べたことがあるという。

二〇一五年二月、千葉県浦安市では、少子化対策の一環として、卵子の凍結保存に助成金を出すことを決定した。卵子の凍結保存は保険が適用されないため、毎年の凍結更新費用を含めると一〇〇万円近くに及ぶケースもあるという。対象になる年齢層は二五〜三四歳まで。助成を受けると三割以下の負担で済むことになる見通しだ。またアメリカのアップルやFacebookといった企業でも、福利厚生の一環として卵子の凍結保存に対する補助金の支給が始まっている。

生命倫理に関わる問題をはらみながらも、生殖医療は日々進歩し、「産める可能性」はこれからも拡大していくだろう。しかしそれはすべての女性たちにとって必ずしも「福音」になるとは限らない。それにともない、「産んでいない女性」「産む努力をしていない女性」に対する社会からのまなざしは、さらに厳しいものになっていくのではないだろうか。

「あと数年経ったら否が応でも〝子どものいない人生〟というものを受け入れることになるのでしょう。もしかしたら三五歳を過ぎた頃から、そのための心の準備を少しずつしていたのかもしれない。でもさまざまな情報を耳にすることで、心がかき乱され、自分が本当に何を望んでいるのか、わからなくなっているんです」

今、この時代でなければ、寺本さんはここまで苦しまなかったのだろうか？

「おひとりさま」の登場

そもそも現代において、既婚か／未婚か、子どもがいるか／いないか、といった事柄について他人が立ち入る機会は少なくなっている。仕事関係の知り合いや趣味の仲間などの家族構成をすべて把握しているという人は、そう多くないだろう。同僚や長い付き合いの知人であっても、プライベートについては詳しく知らないということがあるのではないか。婚姻歴やパートナーの有無、家族構成などはプライベートな事柄であり、下手に立ち入ると〝セクハラ扱い〟される可能性すらある。そういう意味においては、生きやすい時代になったということができるかもしれない。

翻って一九五〇年代、六〇年代の日本は、男女は結婚し、子どもを持つことが当たり前という時代だった。たとえば一九六〇年、五〇歳の時点で結婚経験がない人の割合を表す生涯未婚率は、男性一・三%、女性一・九%に留まっていた。しかし、九〇年以降、急激な上昇を続け、二〇一〇年の生涯未婚率は、男性二〇・一%、女性一〇・六%に達しており、二〇三五年には男性二九・〇%、女性一九・二%にまで上昇すると推計されている(図5-1)。

その背景には、女性の社会進出にともなう労働人口の上昇がある。八〇年代に入るとバブル景気や男女雇用機会均等法成立などの追い風によって、働く女性の存在が脚光を浴びた。結婚しても仕事を続ける女性たちが増え、ＤＩＮＫＳ(double income no kids)という夫婦共働きで子どもがいない生き方を選ぶカップルも出てきた。バブル経済真っ盛りの時代、男女ともバリバリ働き、豊かな生活を享受する――。結婚し、子を育てるというだけではない、多様な女の生き方が少しずつ認められてきたかに見えた。

一方、華やかなキャリアウーマンに対し、主婦に対するイメージはパッとしなかった。家事や育児に追われ、自分のことにかまける経済的、時間的ゆとりがない。たとえ育児の手が離れ、働きたいと思っても、理想的な仕事は簡単には見つからない。

一九九五年、夫婦共働き世帯が、片働き世帯を上回ったものの、働く既婚女性たちの仕事の多くが年収一〇〇万円に満たないパート労働であった。育児休業制度がなかった当時、よほどの覚悟があるか、恵まれた環境でない限り、「仕事」か「出産」かの二者択一しかなかった

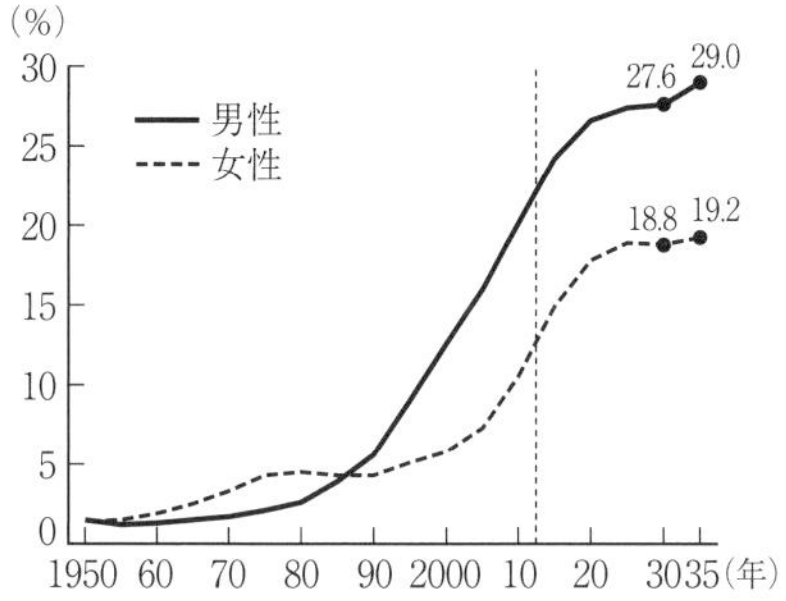

(注)生涯未婚率とは，50 歳時点で一度も結婚をしたことのない人の割合。2010 年までは「人口統計資料集」，2015 年以降は「日本の世帯の将来推計」より，45～49 歳の未婚率と 50～54 歳の未婚率の平均.
(資料)厚生労働省

図 5-1　生涯未婚率の推移

のだ。

そんな状況の中、自由で豊かな生活を謳歌していたシングル女性たちが、結婚・出産に対して二の足を踏むのも当然のことだろう。

バブル崩壊後もしばらくは、働くシングル女性に対するポジティブなイメージが覆ることはなかった。「おひとりさま」という言葉もその一つだろう。ジャーナリストの故・岩下久美子は、「おひとりさま」を「個が確立できている大人の女性」と定義。独身女性に付きまとっていた「お局」や「いきおくれ」といった差別的呼称に取って替わった。メディアでも、「おひとりさま」と銘打った記事や特集がたびたび組まれた。その多くが既婚の子あり女性に比べ、経済的に自立し、世帯じみることなく、いつまでも若々しい……というようなステレオタイプながらもポジティブなニュアンスのものだった。

「負け犬」にすらなれない

一方、「おひとりさま」の存在が市民権を得るようになった裏側で少子化が進行し、日本の大問題として取り沙汰されるようになっていた。一九八九年、女性が生涯に産む子どもの数、合計特殊出生率が一・五七まで下がった。第二次ベビーブームをピークにして出生数は年々減り続け、ついにこの年、丙午《ひのえうま》だった一九六六年を下回り、戦後最低となったのだ。その後も出生率は低下を続け、「子どもを産まない女性」に対する社会的プレッシャーは徐々に高まっていったように思う。

そんな状況に追い打ちをかけたのが、「負け犬」という言葉の登場だったのではないか。

「負け犬」とは、エッセイストの酒井順子が『負け犬の遠吠え』(講談社、二〇〇三年)の中で、「三〇代以上・未婚・子ナシ」の女性に与えた呼称だ。同書はノンフィクションとしては異例の大ヒットを記録し、「負け犬」という言葉は瞬く間に〝全国区〟になっていった。メディアはこぞって「負け犬」を特集。その口火を切ったのが、『週刊文春』や『週刊朝日』など、男性読者がメインの雑誌だったという。

「部下や娘に〝負け犬〟を持つオジサマ世代を中心として、幅広い世代に受けたことがヒットの理由」と当時の担当編集者は分析している。

同書が出版されたのは二〇〇三年一〇月。同年六月に、森喜朗首相(当時)が少子化問題討論会の席で、「子ども

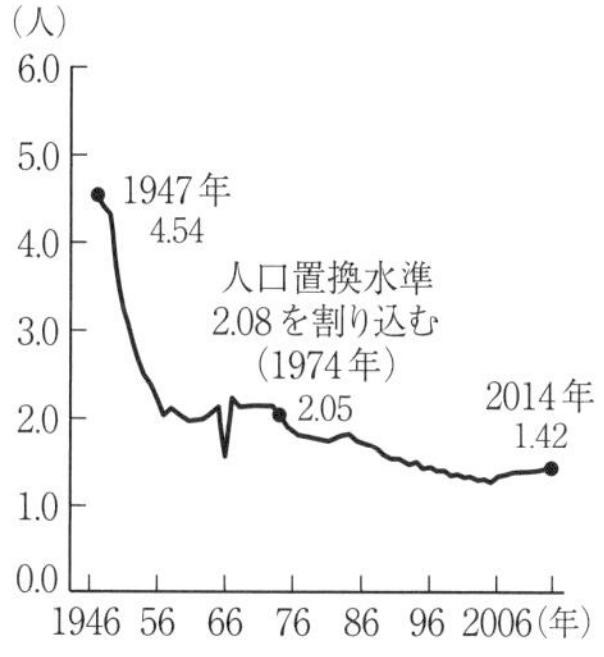

(資料)厚生労働省「人口動態統計」

図5-2　合計特殊出生率の推移

を一人もつくらない女性が、自由を謳歌し、楽しんで年を取って、税金で面倒みなさいというのはおかしい」と発言したことが問題になっている。

とんでもない発言だが、森元首相を含む〝オジサマ世代〟を中心とした人々が、結婚して子どもをつくるという社会規範から逸脱し始めた女性たちのことを理解不能と考え、その正体を知りたいと同書に関心を持ったことは事実だろう。

出生率が過去最低を更新し続けていた当時、三〇代未婚女性の存在は、すでに国民的関心事であったことがうかがえる。

さらに注目すべきは、「負け犬」という言葉が一人歩きしてしまった、あるいは、『負け犬の遠吠え』がミスリードされた（実際は同書を読んでいないか、結婚・出産に対する〝信仰〟が強過ぎてリテラシーを欠いてしまった）点にあるだろう。

中身を読めばわかることだが、酒井は「負け犬」という立場を否定しているわけではない。既婚か未婚かといったしがらみがなくなった現在、独身でいるほうが経済的にも時間的にも自由で束縛されることも少ない。「負け犬」の立場をユーモラスかつ自虐的に示したうえで、「それでもこういう生き方も悪くないよね」とする究極のアイロニーなのだ。

しかし、その後も「負け犬」という言葉だけが一人歩きを続け、現在、「負け犬」は若い女性にとって「ああはなりたくない存在」という否定的な意味で使われることが多くなっている。

さきほど「負け犬」の定義を「三〇代以上・未婚・子ナシ」と書いたが、厳密にはその前に次の言葉が入っている。「美人でも、仕事ができても」という一文だ。つまり『負け犬の遠吠え』に出てくる「負け犬」は、キャリアと経済力があることが大前提になっているのだ。

その後、巻き起こった「負け犬論争」でも、「負け犬キャリアウーマン」vs「勝ち犬専業主婦」といった構図が定石で、少なからずいたであろうキャリアも経済力もない「負け犬」の存在はほとんど無視された。

著者の酒井は、一九六六年生まれのバブルど真ん中世代。仕事もプライベートも謳歌した末の選択的「負け犬」だったのだろう。しかし、「負けている」と自虐できるのは、ゆとりがあるからにほかならない。キャリアも経済力もない「負け犬」だとあまりに勝ち目はなく、勝ち犬vs負け犬という構図すら成り立たないはずだ。

同書には、「負け犬」は子どもを産んでいないという意味で「お国」に貢献していないかもしれないが、お金を稼ぎ、税金を払っているという意味では、国や経済に貢献しているというくだりがある。けれども現在、多くの「負け犬」は子どもを産んでいないばかりか、稼いでもいない。税金を支払えず、社会保障のお荷物になる可能性も十分ある。こうした状況の中、若い女性たちが「負け犬」に対して否定的なイメージを持つことは、至極当然のことなのだろう。

無縁社会、震災、絆

「負け犬」ブームと同時期に、大きな社会問題として取り沙汰されるようになっていたのが、雇用の不安定化と格差社会の進行である。

ＮＨＫスペシャルでは、二〇〇五年「フリーター漂流」、二〇〇六年「ワーキングプア」など、若者の非正規化や貧困化などが相次いで取り上げられ、社会的関心が呼び起こされてきた。二〇一〇年一月には「無縁社会」が放映された。番組では、警察や自治体でも身元がつかめない「行旅死亡人」や、引き取り手のない遺骨の行方など、高齢単身者の孤立死の現実を取り上げている。地縁、血縁、社縁が崩れゆく中、年間三万人を超える人たちが、誰にも看取られずに孤立死しているという内容は、大きな衝撃を持って受け止められた。高齢社会の進行によって、高齢単身世帯は急増し、そのリスクは拡大している。

番組には大きな反響があったというが、特に多かったのが、三〇代、四〇代からのものだった。インターネットやツイッターには、「他人事とは思えない」「自分もこのまま行くと無縁死するかもしれない」といった書き込みが相次ぎ、その数は三万件を超えたという。その後、無縁社会に関連する番組が立て続けに作られ、書籍も相次いで出版された。

一方で〝無縁社会〟という言葉は、「有縁であること」「頼るべき家族がいること」を是とし、「無縁であること」「頼るべき家族がいないこと」を否とするような印象を与えてしまいかねないと感じる。無縁社会に関する書籍の多くは、戦後、希薄になっていった地縁、血縁、社縁を見直すことも大切だが、それらに変わる新たな〝縁〟を見出すことこそ重要であると指摘している。しかし、実際には言葉が独り歩きしている感が強く、縁や家族のいない人を貶《おとし》め、自己責任論に帰結させている部分があるのではないだろうか。

以前から高齢単身者の貧困率は高かったが、無縁社会という言葉の拡がりとともに、単身で家族のいないことが〝恐れ〟としてより強く認識されるようになっていったということができるだろう。

無縁社会と前後してブームとなっていたのが、二〇〇九年の流行語となった「婚活」である。「婚活」を最初に用いたのは、社会学者の山田昌弘と少子化ジャーナリストの白河桃子であり（山田昌弘・白河桃子『「婚活」時代』ディスカヴァー・トゥエンティワン、二〇〇八年）、誰でも結婚できた時代は終わり、「就活」同様、結婚するため、積極的にみずから活動しなければいけないという主張は、多くの若者と親世代に受け入れられた。

一九六五年以来、長期にわたって、恋愛結婚全盛の時代が続いてきたが、婚活ブーム以降、かつての見合い結婚に近い形の知人からの紹介や結婚情報サービスを使う人も増えてきている。こうした婚活ブームの背景には、「負け犬」の先に待っている無縁社会への恐怖もあったに違いない。

そんな無縁社会への恐怖と家族回帰への動きは、二〇一一年三月の東日本大震災によって決定づけられた。大都市を襲った地震への恐怖と不安に覆いつくされた三月一一日の夜、テレビには交通機関が麻痺する中、職場から歩いて家に帰る人々の群れが映し出されていた。彼らの向かう先には愛する大切な〝家族〟がいる。それに引き替え自分は、大切な存在も大切にしてくれる存在もない。震災後に続く停電と余震の恐怖に震えながら、ひとりぼっちを実感したシングル女性は多かった。

その後も「家族」や「絆」を痛感させられる状況は続いた。人と人との繋がりを訴える公共広告、避難所で涙の再会を果たす家族、地域の絆、同僚との絆などを再認識し、復興に向かう人々……。それは何人も否定できない、美しく、素晴らしい光景だった。

震災後、結婚に向かう人も増えた。ある百貨店では、震災翌月の婚約指輪の売り上げが通常より四割増え、結婚情報サービスの資料請求や入会が軒並み増加したという。女性誌では

「『いますぐ結婚したいっ！』はダメですか？　寄り添いたいからキズナ婚」（『MORE』二〇一一年九月号）などの特集が組まれている。

未婚化が進行する中にあって、無縁社会の拡がりや東日本大震災を経て、若者はじめ多くの人々の価値観は「家族回帰」に向かっていると言うことができるだろう。

一億総活躍社会の目指す〝子育て支援〟

現在、さらにその機運は高まっている。安倍政権は、女性の活躍を成長戦略の柱とし、女性が働き、子を産み、育てやすい環境を整えるため、としてさまざまな政策を打ち出している。

しかし少子高齢社会に対する施策は、安倍政権成立のずっと以前から進められてきた。ここ十数年ほどの間に「改正育児・介護休業法」（二〇〇一年）、「仕事と生活の調和（ワーク・ライフ・バランス）憲章」（二〇〇七年）などが続々と成立（表5–1）。「仕事」か「出産」かの二者択一しかなかった女性の生き方は、「仕事」も「出産」も選べるように変わりつつある。

二〇一五年九月、第三次安倍内閣成立と同時に「一億総活躍社会」実現が掲げられ、新「三本の矢」の一つとして、「夢を紡ぐ子育て支援」（希望出生率一・八）が大々的に掲げられた。ちなみに残る二つの矢は「希望を生み出す強い経済」（GDP六〇〇兆円）、「安心につながる社会

表 5-1　近年の少子化対策関連法等一覧

1994 年	エンゼルプラン
2000 年	新エンゼルプラン
2001 年	改正育児・介護休業法
2003 年	次世代育成支援対策推進法，少子化社会対策基本法
2004 年	少子化社会対策大綱，子ども・子育て応援プラン
2007 年	仕事と生活の調和(ワーク・ライフ・バランス)憲章
2010 年	子ども・子育てビジョン
2013 年	待機児童解消加速化プラン
2015 年	一億総活躍社会「夢を育む子育て支援」(希望出生率 1.8)

保障」(介護離職ゼロ)である。政府は早速、子育て支援として、「三世代同居・近居の推進」を閣議決定したほか、待機児童ゼロへの「積極的取り組みを行う」としている。

また同じ月に菅義偉官房長官は、国民的人気俳優と女優の結婚に対して、「結婚を機に、やはりママさんたちが、一緒に子どもを産みたいとか、そういう形で国家に貢献してくれればいいなと思っています」と発言。

二〇一六年二月には、大阪市の中学校校長が全校集会で「女性にとって最も大切なことは、子どもを二人以上産むこと。それは仕事でキャリアを積むこと以上に価値がある」と発言したことが物議をかもした。産みたくても産むことができない女性に対して配慮が足りないなどさまざまな批判が寄せられた一方、「校長の主張は的を射ているが、公の場で発言すべきではなかった」というような意見が多く聞かれたのも事実だ。また四月には、トップアイドル(二三歳)がフジテレビ系のトーク番組に出演した安倍首相を前に、「身体の限界がくるまで子どもをたくさん産んで国に貢献したい。しっかり仕事もします」といった主旨の発言をしている。

「出産」「国家」「貢献」といったキーワードが結びつき、戦前の「産めよ殖《ふ》やせよ国のため」を連想させられる。日本の存亡をかけて、少子化対策に取り組まねばならないという機運が、確実に高まっていることは否定できないだろう。

優等生でなかった妹が今は女として上

黒木亜紀さん(三九歳)は最近、小学二年生の姪っ子から心に突き刺さる一言を発せられた。

「あきちゃん、知ってる？　四〇歳を過ぎると子ども産めなくなっちゃうんだって」

「誰から教わったのか知らないけれど、傷つきましたね。「そうだよ。だから〇〇ちゃんは早くお嫁さんになりなよね」なんて返すゆとりはありませんでした」と振り返る。

家族経営の会社の事務を手伝っている黒木さんは、有名私大を卒業後、狭き門を突破してアパレル会社に就職。営業職として働いていた。

「地方への出張も多く、新しい発見があり、楽しいことも多かったです。でも毎日があまりに忙しかった。配属された部署には新人が私しかいなくて、部署内の庶務や雑用までこなさなくてはならない。過労で帯状疱疹になり、入院したこともありました」

九〇年代半ば、バブル時代に大量採用したツケを支払うべく、新人採用を減らしたため、「新入社員が一人」や「何年経っても後輩が入ってこない」という事態が多くの会社で起こった。

「親が一人暮らしに反対していたので、毎日二時間近くかけて都内まで通勤していましたが、帰宅は日付が変わってからという生活に疲れ果ててしまい、三年で退職しました」

休日にアロマテラピーのサロンに通うことで心身とも癒される経験をした黒木さんは、アロママッサージの学校に通うことにした。一通りの授業を受けた後、セラピストとして働かないかと誘われ、すぐに接客を担当することになった。

「施術中、先輩がカーテン越しに立って、私とお客さんとの会話を逐一聞いていて、ものすごい細かい点まで注意されるんです。厳しい売り上げ目標があって、次の予約をその場で取れないと絞られる。指名されるかどうかで給料が変わり、リストラ対象にもなるので、現場の雰囲気はいつもピリピリしていました」

人当たりが良く、お客さんから気に入られることが多かった黒木さんは、先輩社員から目の敵にされたという。

「癒しを売り物にしているのに幻滅してしまいますよね。このまま続けてもつらくなるだけと思い、数か月で退職することにしました」

ちょうどそのころ黒木さんは母親から、家の仕事を手伝って欲しいと頼まれていた。

「実はずっと以前から言われていましたが、一度手伝ってしまったら二度と抜けられなくなる気がして避けていたんです。でも売り上げが落ちていて外の人を雇う余裕がないと言われ、振り払うことはできませんでした」

黒木さんはいつも母の期待に応える〝いい子〟だった。小学生の時から塾に通い、母が希望する名門中学に入学。絵を描くことが好きだったので、大学でデザインを勉強したいと思ったが、「美術なんかやっても何の役にも立たない。少しは家の仕事のことを考えなさい」という母の言葉に逆らえず、経済学部に進学した。

一方、妹は母親からのプレッシャーはほとんどなく、自由に育ったという。

「妹は常に彼氏が途絶えないタイプ。短大を卒業した後は、家を出て彼氏の家に同棲していました。私が学生の時は門限に厳しく、一人暮らしにすら反対していたのに……」

妹は会社を経営するビジネスマンとの結婚が決まり、子どもを二人出産した。

「妹に娘が生まれてからは、母の関心事は孫中心になりました。ある時、母が「あなたは昔、妹よりも優等生だったかもしれないけれど、エリートと結婚し、子どもを産んだ妹は女としての幸せをつかんだ。それに比べいつまでも実家を出られないあなたは親不孝だ」というようなことを言ったんです。張りつめていた糸がプチっと切れたような感覚に襲われました」

長年、逃れることができなかった母親からの呪縛。四〇歳を目前にようやくそこから離れる決意をしたという。しかし、十数年間、実家の仕事に徹してきた黒木さんには特別なスキルもなく、自立できるだけの給与を稼げる仕事が見つかる保証はない。

全方位的少子化対策

これまでの少子化対策は、子どもを育てやすい社会環境づくりが重要であるという考えに基づき、待機児童解消などの「子育て支援」や長時間労働の抑制などといった「働き方改革」に重点が置かれていた。その主な対象は、あくまでも既婚の男女(主に女性)であったが、近年、その対象が未婚男女(子どもを含む)など、幅広い世代にまで拡大してきている。

内閣府「少子化危機突破タスクフォース(作業部会)」取りまとめ案(二〇一三年)には、「少子化対策の効果を高めるためには、結婚、妊娠、出産、育児をめぐり、行政を始めとして、国民、企業、学校、メディアなど全てのステークホルダー(関係者)の意識改革が重要であることから、広く少子化危機突破の認識が共有されるための取組を展開する必要がある」と明記されている。

政府は「結婚→妊娠→出産→育児」の〝切れ目のない支援〟を推進するとし、妊娠前段階の「結婚」支援にも、積極的に取り組み始めた。

二〇一三年度からは、「地域少子化対策強化交付金」が各都道府県、地方自治体に交付され、結婚支援事業が活発に展開されている。合コンやパーティなど出会いの場を提供するものや一対一の見合いをセッティングするなどさまざまだが、中には民間の結婚相談所顔負けのものも少なくない。

「横濱女子会――結婚を希望する方への結婚応援セミナー」のチラシ(2015年2月)

茨城県では、「マリッジサポーター」と呼ばれる市民が地域の世話役となり、結婚を望む男女の写真や身上書を持ち寄って〝マッチング〟を行い、七年間で一〇〇組以上の男女を結婚させているという。

都市部でも、同交付金を使った事業は活発に行われている。横浜市は、大学生に対する結婚・出産を視野に入れたキャリアデザインセミナーの開催などの試みを行ってきた。二〇一五年二月には「横濱女子会――結婚を希望する方への結婚応援セミナー」という大規模な結婚応援イベントを開催。結婚相談所で婚活者へのカウンセリングを行っている講師による講演のほか、保護者のためのプログラムも同時に開かれた。

さらに〝切れ目のない支援〟として盛り込まれたのが、「妊娠・出産等に関する情報提供、啓発普及」である。

二〇一五年三月に閣議決定された「少子化社会対策大綱」では、「学校教育段階において、妊娠・出産等に関する医学的・科学的に正しい知識を適切な教材に盛り込む」ことが示された。同年八月、文部科学省は高校の保健体育の副教材として『健康な生活を送るために』を発行した。同書には、喫煙、薬物の害や生活習慣病予防など、全二二項目が挙げられており、「19家族と社会」と「20妊娠と出産」の二項目で不妊や妊娠、出産に関して取り上げられている。

女性の年齢による妊娠のしやすさの変化や年齢別にみた周産期死亡率に関するデータなどが示され、「医学的に、女性にとって妊娠に適した時期は二〇代であり、三〇代から徐々に妊娠する力が下がりはじめ、一般に、四〇歳を過ぎると妊娠は難しくなります」と記述されている。

ちなみにこのグラフなのだが、発表後、「二二五歳以降の数値の落ち込みがあまりにも極端でおかしい」との指摘が相次ぎ、データの誤りを訂正。東北大学准教授の田中重人らは、誤りではなく、意図的なデータ改竄《かいざん》があったことを明らかにしているが、文科省は認めず、現在に至っている。

この副教材以外にも、埼玉県による『願うときに「こうのとり」は来ますか？』や、横浜市による『妊娠・出産 My Book』（いずれも二〇一五年）など、不妊に関する知識を啓発する冊子やホームページを作成する自治体が増えてきている。

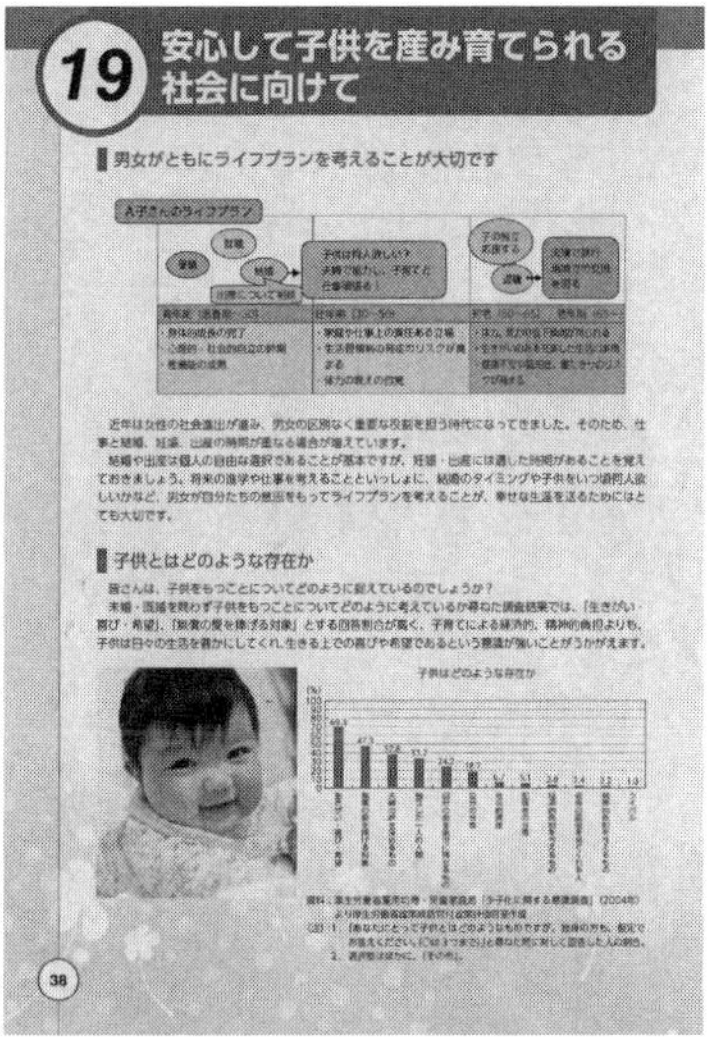
19 安心して子供を産み育てられる社会に向けて

男女がともにライフプランを考えることが大切です

近年は女性の社会進出が進み、男女の区別なく重要な役割を担う時代になってきました。そのため、仕事と結婚、妊娠、出産の時期が重なる場合が増えています。

結婚や出産は個人の自由な選択であることが基本ですが、妊娠・出産には適した時期があることを覚えておきましょう。将来の進学や仕事を考えることといっしょに、結婚のタイミングや子供をいつ頃何人欲しいかなど、男女が自分たちの意思をもってライフプランを考えることが、幸せな生涯を送るためにはとても大切です。

子供とはどのような存在か

皆さんは、子供をもつことについてどのように捉えているのでしょうか？

未婚・既婚を問わず子供をもつことについてどのように考えているか尋ねた調査結果では、「生きがい・喜び・希望」、「家族の愛を体現する対象」とする回答割合が高く、子育てによる経済的、精神的負担よりも、子供は日々の生活を豊かにしてくれ、生きる上での喜びや希望であるという意識が強いことがうかがえます。

子供はどのような存在か

38

文科省が高校生用に作成した副教材『健康な生活を送るために』(2015年)

しかしこうした啓発活動には、結婚・出産という〝ライフイベント〟が当然のごとく組み込まれており、選択の権利や多様性に対する配慮は一切、見られないように思われる。

結婚を望まない人、子どもを欲しいとは思わない人、子どもを欲しくても授かれない人、セクシュアルマイノリティの人などもいるだろう。

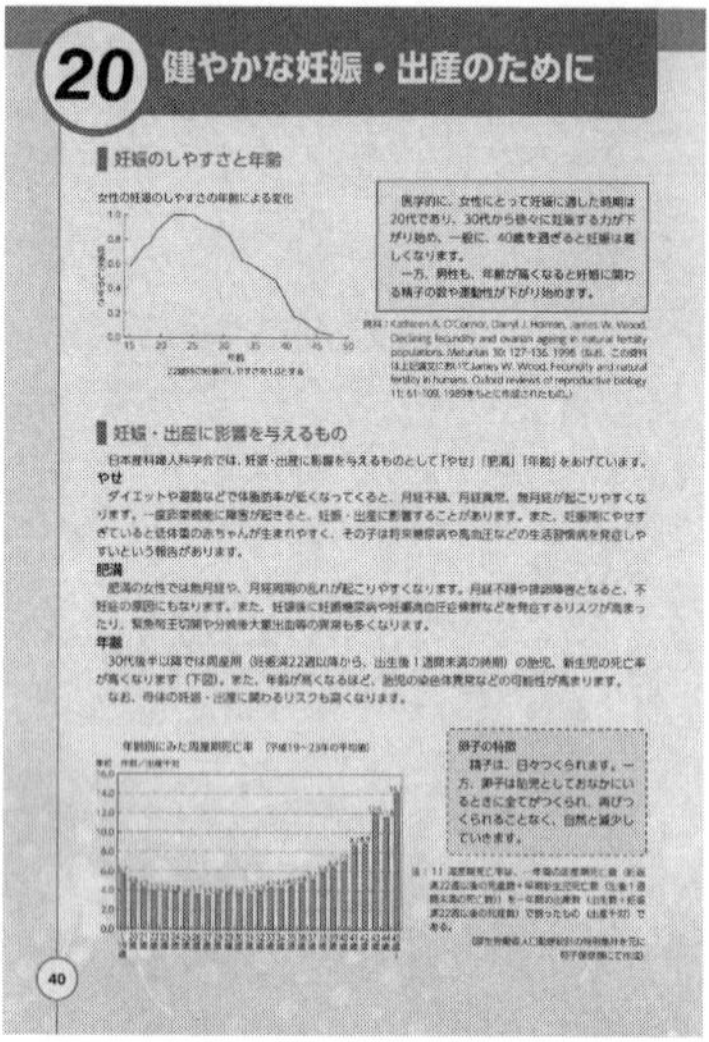

『健康な生活を送るために』(2015年)

全方位的ともいえる少子化対策が進められる中、「婚活」「妊活」のプレッシャーを感じつつ、自分の努力ではどうしようもならない状況に、苦しんでいる若年シングル女性もいる。

無理にでも産んでおけば良かった

二か月前からシェアハウスで新しい生活をスタートさせた野口真紀子さん(三七歳)。実家を出たのは二〇代半ばのことだが、一人暮らしは初めての経験だ。

「一〇年近く、彼と同棲をしていました。私はショップ店員、彼は飲食関係。お互い不規則な生活で、収入も不安定。彼は家庭とか子どもとか、経済的に安定するまでは考えられないという感じでした」

野口さんは高校を卒業した後、アパレル会社に就職。それ以降、婦人服関係のショップでパート社員として働いてきた。気がつけば同棲期間は一〇年を超え、結婚して子どもが欲しい野口さんと経済的安定が先という同棲相手との距離は拡がっていったという。

「三五歳を目前にして思い悩むことが増えてきました。このまま彼と過ごしても先の展望は見出せない。でも私は彼の家を出ることに不安がありました。この年で一人になり、経済的、精神的に自立できるのか、自信がなかったんです」

その後、野口さんは母親に介護が必要になったことを機に仕事を辞め、彼の家を出て実家に戻る決意をした。母親は帰らぬ人となってしまったが、その後、同棲相手のもとには戻らず、一人で生きていく覚悟を固めたのだという。

「精神的につらい時期で、一人暮らしには不安がありました。そんな時、目に飛び込んできたのが、敷金礼金不要で、家賃も安く済むシェアハウスだったのです。お風呂やキッチンが共用なので不便なこともありますが、一人の生活に少しずつ慣れて行くことができているかな。今は結婚式場で契約社員として働いています。最近はお腹の大きなお嫁さんもとっても多いんですよ。私も普通に結婚して子どもを産むんだろうなと思っていたのに、気がつけばずいぶん遠くに来てしまった。こんなことなら、同棲していた時に一人で育てる覚悟で産んでおけば良かったという思いがあります」

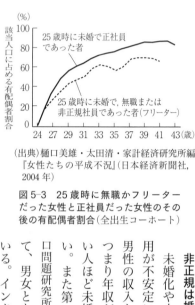

非正規は婚活でも不利に

未婚化や少子化の大きな要因として、若年男性の雇用が不安定になっていることが挙げられてきた。実際、男性の収入と婚姻率の高さは正の相関を示している。つまり年収が低い人ほど未婚率が高くなり、年収が高い人ほど未婚率は低くなる。これは長年変わっていない。また第一四回出生動向基本調査（国立社会保障・人口問題研究所、二〇一〇年）では、「結婚への障害」として、男女とも四〇％以上が「経済的な問題」を挙げている。インタビューした女性の中にも、付き合っている男性がいたが、互いに経済的に不安定で結婚などは考えられなかったという回答を複数得ている。

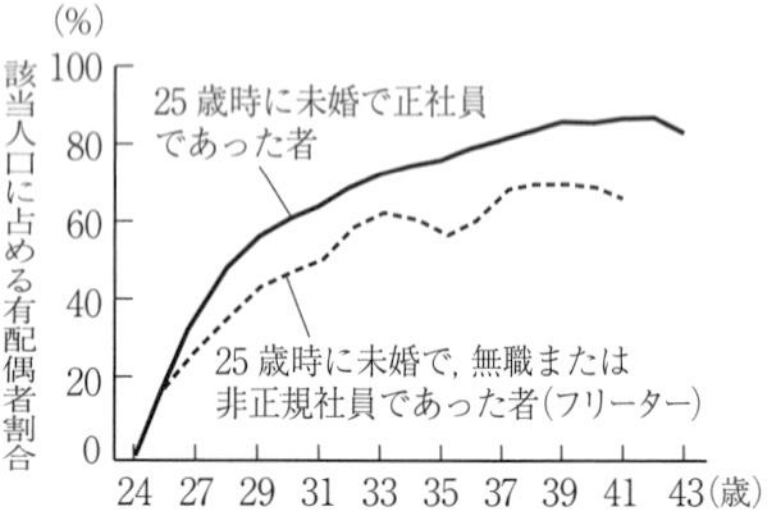

（出典）樋口美雄・太田清・家計経済研究所編『女性たちの平成不況』（日本経済新聞社，2004年）

図5-3　25歳時に無職かフリーターだった女性と正社員だった女性のその後の有配偶者割合（全出生コーホート）

では女性の場合はどうなのか？　男性ほど顕著ではないものの、正社員の女性のほうが、非正規または無職の女性に比べ、婚姻率、及び出産率が高いことが明らかになっている。家計経済研究所の一〇年にわたるパネル調査（二〇〇四年）（図5―3）によれば、二五歳の時に未婚だった女性のうち、正社員だった女性のほうが、無職またはフリーターの女性よりも結婚する確率が高く、出産する確率も高いという結果が示されている。

また同パネル調査で、女性に対し「理想の結婚相手」についてたずねた項目では、「経済的に頼れる人」を挙げている人が、結婚した人よりも未婚継続者に多いという結果が出ている。しかし、男性の雇用状況も厳しい中、「経済的に頼れる人」は減少しており、結婚へのハードルがさらに上がっているということが推測される。

男性の意識もまた変化してきている。前述の『「婚活」時代』の中で、「婚活」という言葉を世に出した少子化ジャーナリスト白河桃子は、「もう結婚だけでは食べていかれない」と言い切る。かつては、「妻には専業主婦として家にいて欲しい」と考える男性は多かったが、正社員であっても、給与は上がらず、先行き不安定な現在では、「妻に働いて欲しい」と考える男性のほうが圧倒的に多い。「婚活市場で勝ち残りたいのなら、女性も安定した仕事に就きなさい」というのが、白河の主張だ。

若年女性もこうした状況をよく理解している。インタビューした女性たちの口からも、「自分の仕事すら安定していないのに、結婚するなんておこがましい」「日々の生活で精一杯で、恋愛とか、結婚など想像もつかない」「付き合っていた男性も非正規だったので、将来のことは考えられなかった」といった声を多く聞いた。

貧困女子でも産む

しかし女性にはリミットがある。仕事が安定するまで、お金が貯まるまで待っていたら手遅れになってしまう。そこで一人で育てる覚悟を決め、妊娠、出産に挑むシングル女性も出てきている。

『おひとりさま出産』(集英社クリエイティブ、二〇一四年)を描いた漫画家の七尾ゆずさんもその一人だ。「金も要らぬ、男も要らぬ、私はとにかく子が欲しい」という主人公の強い決意で始まるこの漫画には、七尾さん自身の体験が綴られている。

七尾さんには年下の彼氏がいるものの、借金あり、国民健康保険すら滞納中という万年フリーターの男性だ。一方の七尾さんも、漫画だけでは食べていかれず、アルバイト収入を足しても年収二〇〇万円に届かない、一人暮らしもギリギリの状態だ。

未婚、貧困、アラフォーという厳しい状況の中、〝女のタイムリミット〟を強く意識するようになった当時三八歳の七尾さんは、〝おひとりさま〟で出産することを決意する。出産後、養育費や認知を求めないことを条件に彼氏の協力を取りつけ、婦人科に通い、タイミングを計った彼女は、〝妊活〟開始五か月後に妊娠。

しかしその後が大変だった。七尾さんは一人暮らし、年収二〇〇万円以下、貯金ゼロの正真正銘〝貧困女子〟。妊娠には検診や分娩費用等がかかる上、フリーランスで被雇用者ではない彼女は育児休業給付金を受けることができない。被雇用者の場合、育児休暇中の一年間は雇用保険から基本給の約半額が給付されるほか、社会保険料の支払も免除されるのだが、七尾さんにはその資格がないのだ。

彼女にとって頼みの綱は公的制度だった。自治体の窓口を訪ね、非婚で子どもを産むと伝えると、親切な窓口担当者からは生活保護を勧められたという。また国が分娩費用を支払う「助産制度」や児童扶養手当等の、出産後に支給される諸手当などの情報を得た七尾さん。実際は住民税が非課税ではなかったため、制度を利用することはできなかった。

出産にかかる費用と産後働けなくなる期間を考え、一〇〇万円貯めることを決意し、飲食店従業員、イベントスタッフ、コールセンターの受付など、アルバイトを掛け持ちする日々が続いた。妊娠を理由に不採用になると困るからとその事実を隠して週五日のうち三日は深夜勤務をし、出産一〇日前まで働いていたという。

さらに七尾さんを悩ませているのが、実家の母の存在だ。非婚の母になる決意を告げると、世間体を気にする母から里帰り出産や育児の協力を拒絶されてしまう。

そんな数々の困難をくぐり抜け、その後、彼女は無事に出産。現在も一人で子育てに奮闘中だ。「母になりたい」という七尾さんの強い思いと新しく生まれてくる赤ちゃんという希望があるから、漫画は暗いものにはなっていない。それでも女性が非婚かつ貧困で子どもを産むことの大変さを改めて認識させられる。

極端に低い婚外子出生率

七尾さんのように非婚シングルマザーを選択する人の数は日本では極端に少なく、婚外子出生率は二％に留まっている。これは国際的に見ても非常に低い数値だ。

現在、フランスやスウェーデンでは、新生児の二人に一人が婚外子として生まれており、ほかのヨーロッパ諸国やアメリカでも婚外子出生率は四割を超える。フランス、スウェーデンは出生率が一・八以上とOECD加盟国の中では高いが、日本、イタリアなど婚外子出生率が低い国は一・三前後に留まっていることからも、婚外子出生率は少子化に影響を与えていることがわかる。

ヨーロッパ諸国で婚外子が増えている背景には、同棲や事実婚でも、法律婚と同等の権利が得られる制度の充実がある。フランスのPACS（連帯市民協約）やスウェーデンのサムボ法では、相続権は認められないものの、年金の受給権のほか、税制面の優遇も受けられる。

一方、日本では、婚外子に対する差別的取り扱いがいまだに続いているのが実情だ。少子化対策をするのであれば、まずは婚外子差別をなくし、非婚シングルマザーに対する支援を積極的に行うべきであろう。

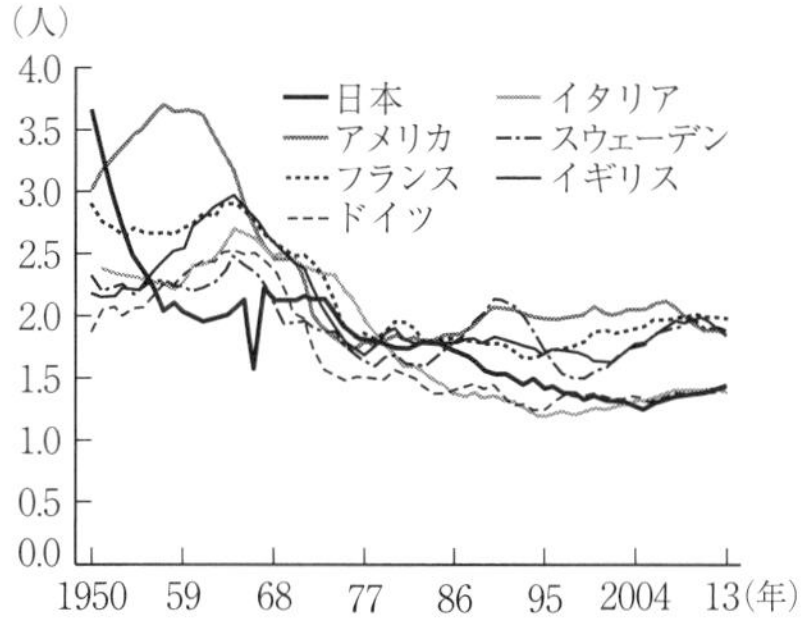

（資料）内閣府『少子化社会対策白書』

図 5-4　主要国合計特殊出生率の推移

大月あすかさん（三二歳）は非婚シングルマザーという生き方を選んだ一人だ。現在、六歳の女児と三歳の男児、二人の子育ての真っ最中である。

「結婚制度に対する違和感があったので、最初から結婚することは考えていませんでした。この選択にまったく後悔はないのですが、予想外のこともいろいろあってかなり大変な状態です」

塾講師として働いていた大月さんはまとまった収入があったため、経済的に大きな不安はなかったという。ところが長女が重度のぜんそくを患い、入退院を繰り返すようになってから、生活は一変。仕事を辞めざるを得なくなってしまった。

「夜発作が起きてそのまま病院に行くことも多かったので、フルタイムの仕事を続けることは難しかったです。どうにもならない時は、電車で一時間ほどのところに住んでいる両親にヘルプをお願いして乗り切っています」

在宅ワークと児童扶養手当などの諸手当で何とか乗り切っているが、市役所のほうから生活保護受給を勧められたこともあったという。

「生活保護は大切な制度だけれど、どうしてそれしかないのかなという思いがあります。たとえば、病児を預けられる場所が極端に少ないとか、学童保育が終わる時間が早いとか、そもそも働きたくても働けない仕組みになっている」

また非婚シングルマザーの場合、寡婦(夫)控除の対象にならないことも納得がいかないと大月さんは言う。かつては寡婦(夫)だけに認められていたが、現在は離別した場合も認められている。

「保育料や公営住宅の家賃もすべて所得ベースになっているので、寡婦(夫)控除が受けられない影響は大きい。それから毎年役所に行くと男性と同居していないか、確認されます。同棲相手がいる場合、児童扶養手当が受けられなくなるとかで、チェックされるんですけど、ホント、失礼にもほどがありますよね」

二〇一六年、自民党「家族の絆を守る特命委員会」は「若い世代にいわゆる「事実婚」ではなく、法律上の結婚を促す必要がある」として、収入制限なしの「夫婦控除」を導入するという方針を打ち出している。

政府が目指す、結婚→妊娠→出産→育児という〝切れ目のない支援〟は、各段階を踏まない家族、たとえば「結婚」を経ない非婚の母などは、望ましい「家族」と認めないという発想の現れに思われてならない。また養子縁組がごく一般的に行われている欧米などに比べ、日本の特別養子縁組制度は、条件が厳しく、手続きが容易でないことなどから、広まっていないことも日本的特徴と言えるだろう。家族の形が多様化しているにもかかわらず、いまだに〝古い家族像〟に拘泥した少子化対策を行っている日本は時代に逆行していると言えるだろう。

少子化という大義名分

アラフォーを迎えたシングル女性たちが吐露する結婚・出産に対する複雑な思いと、結婚観や家族観の変遷について見てきた。

一九八〇年代後半、男女雇用機会均等法施行やバブル経済の進行などによって、女性の社会進出は進み、結婚し、子どもを産み育てるだけが女の生き方ではないという価値観が急速に広まっていった。しかし、「おひとりさま」「負け犬」など経済的に自立したシングル女性が輝いた時代の先には、リーマン・ショック、震災などが待っていた。

そして今、家族や絆が重視される社会の中で、シングルであることはリスクが高い生き方として認識されるに至っている。仕事は非正規、結婚していない、子どもを産んでいない——そんな自分の存在を〝不良債権〟のように感じると、冒頭で紹介した寺本さんは話している

安倍政権は成長戦略の柱として、女性活躍推進を掲げてきた。しかし、女性活躍に関わる政策はいずれも、日本の喫緊の課題とされる少子化対策と表裏となっているものばかりだ。そこに違和感と窮屈さを感じる人は少なくないだろう。

かつて〝女性は産む機械〟というストレートな発言をし、集中砲火を浴びた大臣がいた。しかし経済的功利と少子高齢化対策のため、女性活躍を推進するという発想は、女性を〝モノ扱い〟するのと同じであり、この発言と同根ではないか。

少子化対策のため、まずは若者に安定した雇用と生活を——という主張がある。実際、二〇〇〇年代以降続いてきた若年男女の非正規化や収入の減少が結婚や出生率の減少に繋がっている場合もあるだろう。しかしそうした状況は、少子化の進行とは関係なく改善されるべきもの

であり、ディーセントワーク（人間らしい働き方）が守られるべきだ。雇用の非正規化や貧困化によって、若者たちの未来の選択肢や可能性――それは当然のことながら、結婚・出産を指すだけではない――が狭められていることこそが問題なのである。

「家族」「絆」「子ども」――誰もが否定しづらいものだ。こうした言葉にシングル女性たち自身も囚われ、悩みを深めている。しかし、血の繋がりのある家族や子どもだけにしか、絆を持つことができないわけではない。むしろ家族ゆえに抱える困難を本書でも多く見てきた。簡単なことではないが、血縁に頼らない、豊かな繋がりを見出すことが解決策の一つではないかと考えている。

6章　女性の分断

キャリア、夫、子ども、何もない

「人並み以上に頑張ってきたつもりだったけれど、気がつけばまわりはキャリア、夫、子どもを手にしている。自分の頑張りが足りなかったのかもしれないけれど、そんな状況を考えるとものすごくつらい」

四国地方出身の川口澄子さん(四二歳)はいつも優等生で良い子だった。県内で一番偏差値の高い高校に入学し、バスケットボール部と受験勉強を両立させ、関西圏の難関私立大学に現役合格した。父はすでに亡く、実家に経済的ゆとりがなかったので、アルバイトをしながら下宿代を稼ぎ、ラグビー部のマネジャーも務めた。

「バイトに部活に勉強に忙しかったけれど、充実していました。私、大学生になって初めて努力ではどうしようもないこと、女性は容姿やスタイルで評価されることがあるんだということを知ったんです。きれいな子、かわいい子はただそれだけでチヤホヤされてかわいがられる。高校まで〝人は努力した分だけ報われる〟と思っていたけれど、世の中それだけじゃないんだと、かなり遅まきながら気がつきました」

その後川口さんは就職活動で人生初めての挫折を経験することになる。彼女が就職活動をしたのは一九九五年。阪神大震災が起き、地下鉄サリン事件が起こったあの年だった。数年前にバブルは崩壊し、採用状況も売り手市場から超氷河期へと様相を変えていた。

得意な英語を生かしたいと考え、旅行や航空業界などを受けるも惨敗。就職活動の終盤では、業界問わず受け続けたがうまくいかなかった。

大学卒業後、アルバイトを続けながら就職先を探すことにした川口さん。

「母一人暮らす実家に帰ってしまったら、もう二度と都会に出られなくなるのではないかと考えていました。母のことは大切だし、心配をかけたくないからこそ、名の知れた会社に入って安心させたいという思いがあったのも事実です」

その後、大手企業にこだわらず活動を続けた結果、大手旅行会社関連のイベント会社への就職が決まった。男女とも総合職しか採用しない、性別にかかわりなく活躍できる職場だった。

「もともと望んでいた英語を使う仕事ということもあり、やりがいがありました。休日出勤も多く、二一時ごろまで働くのが当たり前の環境。体育会系な雰囲気で、新人を叱咤激励して育てるという感じでした。新人にも重要な仕事を任せてくれる一方で、プレッシャーがとても強かった。けれど私は精神的に弱いところがあって大事なイベント前に体調を崩すことがありました。先輩からの叱責もつらくて、ストレスからじんましんが出るようになってしまったんです」

結局その会社を三年で退職することになった川口さん。体調不良は仕事を辞めるとすぐに回復したという。再び転職活動を始め、ほどなく大学に就職が決まった。来日した外国人研究者や留学生と関わる仕事だ。

「仕事内容に引かれました。ただ一つ問題があって、このポストは正規職員ではなく、三年契約の仕事だったんです。当時は今のように非正規が問題視されておらず、三年経ったらまた次を探せばいいという、気楽な気持ちで応募しました」

前の職場と比べ、給料は大きく下がったものの、ボーナスなどもあり、一人暮らしを維持するには十分だった。残業はほとんどなく、プライベートな時間を充実させることができたという。

三年の契約が切れた後も、川口さんは別の大学の契約職員となり、五年契約で教授秘書として働いた。その契約が終了するとまた別の大学で五年……というように複数の大学での契約を経て、現在もある大学で教授秘書としての仕事を続けている。

「気が付けば一〇年以上の月日が流れていました。契約が切れるたびに正規の仕事に移ろうと探しはしたのですが、労働時間などの条件を考え、躊躇してしまった。大学という〝ぬるま湯〟から抜け出せなくなっていたんです」

川口さんが契約職員として働いてきた一〇年の間に、大学側の雇用条件は悪化の一途をたどっていた。一連の行政改革の流れで国立大学は国立大学法人となり、非常勤職員が増加。〝官製ワーキングプア〟という言葉も生まれた。川口さんの労働条件もまた悪化し、ボーナスは支給されなくなり、現在、月収は一二万円足らずだ。

「首都圏ではないので家賃は安いですし、ほぼ一〇〇％自炊すれば何とか乗り切ることができます。蓄えがまったくできない生活ですから、将来への心配はもちろんありますよ」

しかし川口さんにとって、今最も不安なのは、現在の仕事の契約が半年で終了してしまう可能性があることだという。

「今秘書をしている先生があと半年で研究室を離れることに決まり、私の仕事がなくなってしまうんです。大学との契約はあと一年あるのですが、雇い止めになる可能性もあります。四〇歳を過ぎた、何のキャリアもない私に仕事が見つかるかどうか考えると不安で眠れないんです」

実家の母には、あと半年で仕事がなくなるかもしれないことはもとより、契約職員であることも一切話していない。正規雇用へ替わる機会は何度となくあったが、みずからチャンスを潰してきたという思いが強い。

「正規職員への転換試験が定期的に実施されていて、エントリーシートをもらって来たこともありました。でもものすごい倍率だし、同じような人を雇うなら若い人のほうがいいんだろうなと冷静に考えてしまって……。社会人になってから何の目標もなく、ダラダラ過ごして来てしまった。こんな何の付加価値もない人間が働ける場所があるのだろうかと思ってしまうんです」

現在の仕事が終了した後、仮に別の大学の契約職員の仕事が決まったとしても、三年か五年後には再び仕事を探さなければならなくなる。四五歳、五〇歳と年を重ねていった時、はたして雇ってくれる場所があるのか、止めどない不安が川口さんを襲う。

「安定した仕事もない、家庭があるわけでもない……将来に対する安心材料が何一つない状況がつらいんです」

そんな苦しい胸のうちを誰にも打ち明けられないことも、また彼女を追い詰めている。

「学生時代の友人は皆、結婚していて子育て真っ最中。それだけで精一杯なところに、「近々仕事を失うかもしれない」とか相談されても困ってしまうと思います。時々会う友人もいるけれど、やっぱり別世界だなと感じてしまう……それはお互い様ですよね。友人も表面には出さないけれど、いろいろと大変な問題を抱えているのかもしれない。互いに楽しく話はするけれど、ディープな部分に触れないように、話題を微妙に調整している感じです」

四〇歳を間近にしたころから、結婚していないことや出産していないことに、コンプレックスのようなものを感じるようになったと川口さんは言う。

「〝イタイ存在〟と思われたくないから、表面上はそんなことまったく感じさせない、一人暮らしを満喫しているふりをしているけれど、内心は結構キツイことがあります。特に周囲から結婚や家族などの話題に触れないよう、気をつかわれてしまう瞬間が一番応えますね」

最近、研究室で送別会があった。川口さんと同世代の女性研究員が海外留学することになり、その送り出しの会だったという。

「その方にはお子さんが二人いるのですが、夫を一人日本に置いて、子どもを連れて留学するんだそうです。「自分なら絶対家族についていく」とか「私なら一人暮らしを満喫する」とかそんな他愛もない話題で盛り上がっていたのですが、一人その輪に入れない自分がいました。途中でそのことに気づいた人が私に気をつかって話題を変えたんです。こういう〝やさしさ〟が一番きついですよね。自分という存在が場を重くしてしまっているのかなと思うと居たたまれなくなってしまいます」

留学予定の研究員の女性は、偶然にも川口さんと同じ大学の出身なのだという。

「子どもを二人育てながら、キャリアを追求していく姿はものすごくパワフルで同じ女性として尊敬します。自分は努力が足りなかったのだなと感じる一方で、彼女との間にどうしてこんなにも大きな差が開いてしまったのだろうと情けなくなりますよね。人と比較しても仕方ないとわかっていながらも、つい比較して落ち込んでしまう自分がいるんです」

結婚を焦ったことはなかった。遅かれ早かれそういう時期が来たら自然にするのだろうと思っていたし、結婚だけが幸せの形と考えていたわけでもない。仕事に誇りとやりがいを見出し、自由を謳歌する「おひとりさま」的な生き方も悪くないと思っていた。

「四〇歳を迎えたころから、自分は親に孫の顔を見せられないだろうなと感じるようになりました。孫が無理ならせめて仕事だけでも安定させて、親を安心させたいと思うけれど、これもうまくいかない。仕事も、結婚も、出産も普通にできるものだと思っていたけれど、〝普通〟がこれほど難しかったとは……」

川口さんがキャリアと子どもを手にしている同年代の女性に対し、「同じ大学出身なのにどうしてここまで差が開いてしまったのか？」と述懐しているように、女性間の格差が拡がっている。学歴による格差は言うまでもないが、高学歴層の中でも内部分化が起こっている。

女性間に拡がる格差を「女女格差」と最初に言ったのは、人材派遣会社社長奥谷禮子であると言われる。その後、経済学者の橘木俊詔は二〇〇八年に『女女格差』（東洋経済新報社）という本を出版。同書は「格差を問題にする際は、世帯主の状況のみに着目してきたが、女性の間にも格差があるのではないか」という視点から書き起こされている。女性間の格差を決定づけるものとして、家計所得の差のみならず、「教育」「結婚」「子ども」「仕事」「容姿」などについて取り上げている。

若年女性の中で進行しつつある二極分化はいつごろから始まったのか、女性の分断元年と言われる男女雇用機会均等法が成立した一九八五年からさかのぼって考えていきたい。

女性の雇用状況はここ数十年で大きく変化し、女性たちが活躍できる場所も飛躍的に拡大してきた。今から約三〇年前の一九八五年、男女雇用機会均等法が成立。その後、深夜業の禁止など女性だけに課せられていた保護規定も撤廃されていった。

均等法によって誕生したのが、男並みに働く女性総合職だった。均等法成立により、「総合職」と「一般（事務）職」というコース別に分けられたが、実際、「総合職」を志望したのはごく一部の女性に過ぎず、転勤がなく、補佐的な業務中心の「一般職」を希望する女性が圧倒的多数であったため、女性の分断や二極化はすぐには起こらなかった。

均等法成立時の一九八五年における女性の大学進学率は一四％、短大進学率は二一％。大学に進学する学力があっても、女性が高学歴過ぎるとかえって就職や結婚の邪魔になるからと、あえて短大に進学する女性が多い時代だった。

実際、就職率も大卒女性より、短大卒の女性のほうが高い傾向にあった。大手商社や都市銀行の「一般職」など、〝短卒女子〟中心の〝優良な〟就職先が存在した。「どうせ腰掛けで結婚したら辞めるのだから」「〝お嫁さん候補〟なのだから」一歳でも若いほうがいいという発想もあったに違いない。

とりわけ一九八〇年代後半のバブル全盛期、短大卒、大卒の女性たちの多くは一部上場企業への就職を次々に決めていき、仕事も遊びも謳歌する可処分所得の高い彼女たちは社会の注目を集めた。そうして安定した仕事、給与を得、自由に生きていくことの醍醐味を覚えた一部の若年女性たちは、もはや〝腰掛け〟ではなくなった。結婚後も働き続けることを望む女性が増え、仕事上のやりがいやキャリアに対しても貪欲になっていった。会社を辞めて留学したり、みずから起業する女性たちなど、仕事におけるやりがいや生きがいを重視する女性たちに注目が集まったのもこのころだ。

そんな女性たちの自立志向の高まりを受けてか、一九九〇年代半ばになると女性の大学進学率が四割を超え、男性の進学率を上回るようになっていく。中でも顕著なのは、女性の進学先が短大から大学へシフトしたことだろう。一九九六年を境に、女性の大学進学者が短大進学者を上回るようになり、短卒女子の採用枠は大卒女子に取って代わられるようになっていった。

女性の大学進学率が高まる一方で、バブル経済が崩壊し、就職状況は氷河期と呼ばれる厳しい時代に入っていくことになる。均等法成立以降、総合職女性をはじめ、企業で活躍する女性たちが増加したが、しかしそれは女性の活躍を社会が認めたわけではなく、単にバブルで経済が上向きだったからに過ぎなかったということは、その後の若年女性の厳しい就職状況を見れば明らかだろう。

就職氷河期は多くの若者に厳しい試練を与えたが、最も影響を受けたのは、もはや〝主流派〟ではなくなった短大卒の女性たちであった。九〇年代前半まで九〇％近くを維持してきた短大卒女性の就職率は、二〇〇〇年には五七％にまで落ち込んでいることからも明らかだ。

これには短大卒や大卒女性を「一般職」として大量採用してきた大企業が採用を手控えたこ

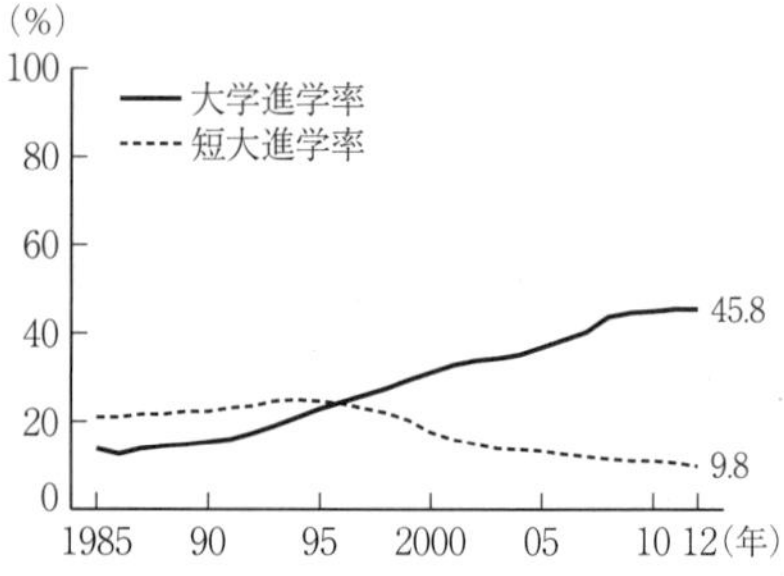

(資料)文部科学省「学校基本調査」

図 6-1　女性の大学・短大進学率

とによる影響も大きい。そこにはバブル崩壊のみならず、グローバル化やオフィスのIT化によって、「一般職」が担ってきた事務的、補佐的な仕事が減少してきたという背景もある。女子就職の多くを占めてきた「一般職」の削減はその後も進み、「契約」や「派遣」などの非正規に置き換えられていった。

バブル崩壊以降、派遣という働き方は急速に広まっていくことになるが、労働者派遣法が成立したのは、男女雇用機会均等法が成立した一九八五年のことだ。派遣法成立によって、「一般職」の派遣への置き換えは徐々に始まっており、「男性並みに働く総合職女性」と「非正規貧困女性」という二極分化の萌芽が、この時すでに存在していたということができるだろう。

同時にこの年は第三号被保険者制度が創設された年でもある。法政大学准教授の藤原千沙は一九八五年を「雇用分野の男女平等を標榜しつつ、他方で家族責任の分断・性別分業の強化・非正規雇用の拡大への道を開いた〝貧困元年〟である」と揶揄している(『女たちの21世紀』No.57、二〇〇九年)。

こうしてキャリア志向ではない女性たちの受け皿であった「一般職」の採用が減少した結果、彼女たちの多くは行き場を失うことになった。当時の様子は、4章で新卒での就職に失敗した後、「新卒派遣」として働くことになった安藤さんのケースからもうかがい知ることができる。彼女も冒頭で紹介した川口さんと同じ、一九七三年生まれ、団塊ジュニアど真ん中世代だ。少し上の先輩が大手企業の「一般職」となり、華やかなOLライフを送っている姿を間近に見てきただけに、「一般職」採用の削減にさぞ戸惑ったことだろう。

均等法成立以後も「一般職」として働くことが定石だった女性たちのキャリアは、「総合職」を選ぶ者、狭き門となった「一般職」に就く者、やむを得ず「非正規」を選ぶ者、資格を取得して「専門職」に就く者など、さまざまに分化し、同学歴間での〝格差〟が次第にあからさまになっていった。

一般職削減がもたらしたもの

「一般職」が非正規に置き換えられたと書いたが、一部の大手企業では現在も「総合職」「一般職」といったコース別採用は続いている。しかし、その採用数は減り、質もまた変化してきている。職務内容は「総合職」と大きく変わらず、異なるのは転勤がない点だけであったり、「総合職」への職種転換制度が用意されているなど、補佐的な業務からより責任のある立場を任されるようになっている。たとえ「一般職」であっても、正社員である以上、〝腰掛け〟的働き方は許されない時代になったのだ。

またそもそも「総合職」「一般職」といった区分は存在しない会社も多い。実際、「雇用均等基本調査」(厚労省)によれば、二〇一〇年、コース別雇用管理制度がある企業は、一一・六%に留まっており、大企業ほどその比率は高くなっている。

中小企業をはじめとするコース別採用を行っていない企業では、性別は一切かかわりなく、女性も基幹的業務を担う場合もあれば、実質上は女性のみ転勤がなく、補佐的業務が中心といったところもある。しかしいずれの職場でも、事務的、補佐的業務は派遣など非正規社員に任される傾向にあり、正社員の責任や負担は増し、非正社員以上に際立ったパフォーマンスを求められるようになっている点は共通している。

「一般職」採用が激減した時代の大卒女性たちの中には、コース別採用のない中小企業に実質的「総合職」として入社した人が多い。「氷河期世代三〇人」中、正社員就職をした経験のある一四人のうち、転勤のない準総合職として働いた経験がある人が三人、販売など現業職が一人、残り一〇人は職種上は男女の差のない職場で働いていた。

これまで「一般職」として事務的、補佐的業務に押し込められていた女性たちが、男性と同等に基幹業務を担っていくことは、むしろ望ましいことのようにも思われる。しかし、この「男性と同等の働き方」というのが大きな問題をはらんでいる。

男女雇用機会均等法の最大の問題点は、深夜労働の解禁など、女性保護規定を撤廃し、女性が長時間労働が当たり前という男性の働き方に合わせた点にあるということは、しばしば指摘されるところだ。男性の長時間労働が可能な背景には、家事、育児などの家庭責任を担う妻の存在があったからにほかならない。

シングル女性の場合、一般的に家庭責任は多くないことが想定されるが、長時間労働が当たり前の職場で働き続けることは容易ではなく、体力的、精神的に限界を超え、〝脱落〟していく人も少なくない。前述の一四人の正社員経験者のうち、一一人が過労等で仕事を辞めていることからもうかがえる。

均等法成立後、コース別採用を実施してきた大企業であれば、女性総合職育成のためのノウハウが確立されているかもしれない。また〝ロールモデル〟となり得るような先輩女性の存在もあるだろう。一方、女性の大学進学率が短大を上回ったころから大卒女性の採用を始めたような中小企業では、女性の先輩自体少なく、また企業側も大卒女性たちの扱いに慣れていなかったことが予測される。

1章で紹介した設計事務所に入った羽鳥さん、5章で紹介したアパレル会社の営業部に配属された黒木さん、いずれも総合職として中小企業に入社したものの、長時間労働で心身ともに疲弊して自主退職を余儀なくされている。羽鳥さん、黒木さんも配属された部署に女性社員はほとんどおらず、黒木さんは新人で女性であることから、部署内の雑用をすべて一人で担っていたという。それも彼女を過労による退職へ追いやった一つの要因であると考えられるだろう。

コンサルタントの海老原嗣生は、『女子のキャリア』(ちくまプリマー新書、二〇一二年)の中で、働く女性の理想的なモデルとして〝体育会系女子〟を挙げている。〝体育会系女子〟とは、集団行動や上下関係に強く、元気とやる気があふれるような女性なのだという。男女を問わず慕われるサバサバ系、姉御肌といったところだろうか。

一方、私がインタビューした女性たちは、優秀でマジメだが、海老原の言う〝体育会系女子〟とは少しタイプが違うように思う。海老原は、かつての総合職のイメージにあるような、どこから見ても優秀な〝スーパーウーマン〟と対比し、近づきやすい存在として〝体育会系女子〟を挙げている。しかし、実際〝体育会系女子〟になるのは容易ではなく、結局のところ、体育会系＝時間的、体力的に男性並の働き方ができる人かどうか、というふるいにかけられているように思われる。

とはいえ、〝体育会系女子〟も出産後、長時間労働が当たり前の職場に復帰することは容易ではなく、仕事を辞めるか、〝マミートラック〟と呼ばれる時間的融通は利くが、出世街道からは外れたキャリアを選ばざるを得なくなる場合が少なくないことも記しておく必要があるだろう。

こうして一九八五年の均等法成立後、すぐにはあからさまにならなかった女性の分断は、一般職削減等に伴う正規雇用の減少と派遣法成立及び改正に伴う非正規雇用の増加を背景に拡大していくことになる。

女性活躍推進の光と影

安倍政権が、アベノミクスの成長戦略の柱として、「女性の活躍推進」を掲げていることは前章で見た通りだ。少子高齢化が進行し、労働力人口が減少する中、十分活用されてこなかった女性の労働力を生かすべく、就業率を上げることで、経済を維持しようとするものだ。

均等法以降、働く女性を後押しする法律が数々、施行された一方、「労働者派遣法」は改正

表 6-1　女性をとりまく労働関連法制

1985 年	男女雇用機会均等法，労働者派遣法（13 業務のみ），第 3 号被保険者制度
1991 年	育児休業法
1997 年	改正男女雇用機会均等法（女性保護規定撤廃へ）
1999 年	男女共同参画社会基本法，改正派遣法（派遣対象業務の原則自由化）
2000 年	紹介予定派遣解禁
2001 年	改正育児・介護休業法
2007 年	仕事と生活の調和（ワーク・ライフ・バランス）憲章
2015 年	女性活躍推進法，改正派遣法（無期限雇用が可能に）

する度に対象業務を拡大していき、二〇一五年には、同一業務に期間の制限なく派遣社員を使うことができる改正が行われた（表6―1）。アメとムチのような法律によって、「活躍が期待される女性」と「使い捨てにされる女性」の間の分断は拡がっていった。派遣法が改正されたのと同じ二〇一五年には、「女性活躍推進法」が成立。従業員三〇一人以上の大企業、国や地方自治体に対して、女性登用に関する数値目標を含む行動計画の策定と公表を義務づけている。積極的に取り組んでいる企業は、厚生労働大臣の認定を受けることができ、認定マークを商品等に付けることも可能になる。

公表されるのは、女性採用比率、男女による平均勤続年数の差異、一月平均の時間外労働時間など一四項目から企業が選択して決める。しかし、派遣労働者に占める女性労働者の割合という項目はあるものの、大半は、正規雇用や管理職の女性に関する項目のみである。また従業員が三〇〇人以下の中小企業等では、努力義務に留まっている。

こうしたことから、女性活躍推進法はごく一部のエリート女性のみを対象としており、中小企業に働く女性はもとより、女性労働力の六割を占めている非正規雇用に従事する女性たちは無視された形となっているのが現実だ。

さらに政府は、二〇二〇年までに、指導的地位の女性が占める割合を三〇％程度にまで高めるという数値目標を掲げている。社会を動かす立場になる女性が増えることは重要だ。しかし、女性活躍推進の動きが一部のエリート女性の活躍を推進するだけで、貧困と不安定雇用がデフォルトの多くの女性たちの状況が何も変わらないのだとしたら、片手落ちもいいところだ。

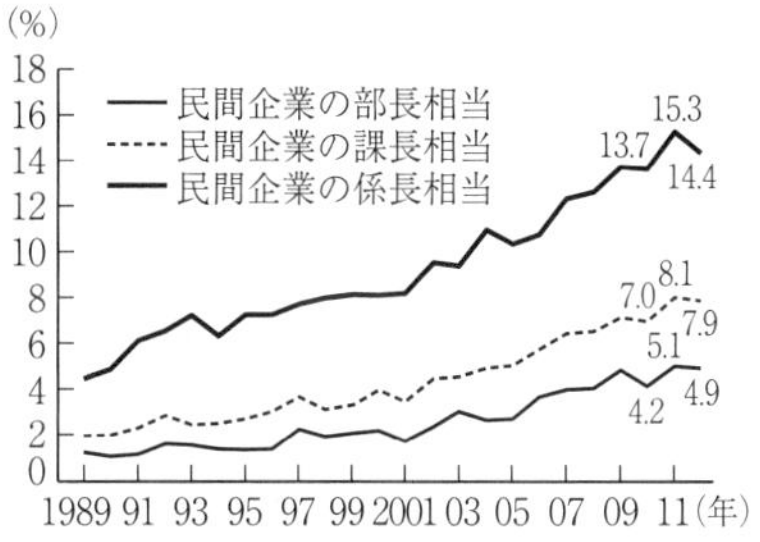

(出典)内閣府男女共同参画局『男女共同参画白書 平成25年版』

図6-2 役職別管理職に占める女性割合の推移

フリーのイラストレーターとして働いてきた田中玲子さん(三九歳)。美術系の短大卒業後、大手企業の事務職として働いた後、以前から得意だったイラストを活かし、イラストレーター兼デザイナーとして独立した。収入は多くなかったが、一人暮らしを維持するには十分な仕事を得ていたという。しかしここ五年ほどで仕事は減り、収入は激減。年金保険料や家賃を払うことさえままならない状態にまで落ち込んだ。そこで派遣会社に登録して働くことにした。

派遣先は女性の活用で有名な大企業。彼女は三歳の子どもがいる同年齢の正社員女性の補佐的業務を任された。同社では子どもが小さいうちは時短勤務が認められているため、子育て中の女性は午後四時には帰宅する。田中さんは彼女が帰った後も仕事を続け、残業をこなし、午後八時ごろに退社する。繁忙期には午後一〇時、一一時まで働くこともあるという。それでも派遣の田中さんに支給される給与は正社員の女性には到底及ばない金額だ。

「私のいる部署には子育て中の女性が何人もいて「仕事も家庭も両立してすごいな」と思っています。でも、仕事も家庭も子どもも諦めて来たわけではないけれど、自分と彼女たちの置かれている状況がなぜこんなにも違うのかと落ち込んでしまうこともあります」と田中さんは言う。

産みかつ働き続ける女性たち

均等法成立から三〇年。長年一〇%台で推移してきた女性総合職(コース別採用を行っている企業のみ集計)の数は少しずつ増加を続け、二〇一四年新卒者では、二二・二%に達している。

さらにその間の最も大きな変化は、かつての「キャリア」か「子ども」かの二者択一ではなく、「キャリア」も「子ども」も選べる道が制度上、開かれつつあることだろう。実際、子どもを育てながら、第一線で働く女性は増えている。

「育児休業法」は一九九一年に成立しているが、育児休業取得が当たり前のことになったのは、二〇〇一年「改正育児・介護休業法」以後のことだろう。成立後、数度にわたる改正が行われ、二〇一〇年施行の改正法では、三歳未満の子を持つ労働者の一日原則六時間の短時間勤務制度と残業免除の義務化、父親の育児休業取得の促進政策などが盛り込まれている。

女性の育児休業取得率は、一九九六年で四九・一%だったが、その後上昇を続け、リーマン・ショックがあった二〇〇八年には九〇・六%に達している。

一方、妊娠・出産後に離職する人の割合は六割を超えており、子育てをしながら働くことは容易ではないことがうかがえる。ちなみに、育児休業取得率と妊娠・出産後の離職率になぜ数字の矛盾が生じるのかと言えば、非正規雇用のため、育児休業を取得することができなかった女性や育児休業取得後に退職する女性などが多くいることが考えられる。

もちろん均等法成立以前から、キャリアも子どもも手放さなかった女性たちはいたが、それは特別優秀な〝バリキャリ〟女性たちに限られていた。働く若い女性が脚光を浴びた均等法以降のバブル期においても、子育て支援の社会的制度は整っておらず、「二者択一」の踏み絵を踏まざるを得ない女性が大半だったのだ。

均等法が施行された一九八六年に社会人になった衿野未矢は『「子どもを産まない」という選択』(講談社、二〇一一年)の中でこの間の変化について、次のように書いている。

かつて女性誌で紹介されるサクセス・ストーリーの主人公は、独身で自立しているキャリアウーマンだった。もし結婚したとしても仕事を続け、収入はダブルで子供はいないDINKS《ディンクス》(ダブル・インカム・ノー・キッズ)が、理想的だとされていた。……なのに、いつのまにか、流れが変わってきた。現在のサクセス・ストーリーに登場するのは、キャリアと子育てを両立させている女性である。飲食店をチェーン展開している女性経営者や、中央省庁の高級官僚、……外国人の男性部下を叱咤激励する女性管理職が、「週末の最大の楽しみは、子供と過ごすこと」だと語る。

先輩女性たちの努力とさまざまな両立支援策のおかげで、表面上は、「キャリア」も「子ども」も選ぶことができる道が整いつつあると言うことができるだろう。

一方、出産後も働き続ける女性が増加したこの時期に、若年女性の非正規雇用率は上昇を続けていった。川口さんの語りにあるように、仕事も子育ても両立させる同世代の女性たちと、結婚・出産どころか、安定した仕事ひとつ手にすることができない自分——女性が働き続けるための法律や制度が整っているかに見える分、自責の念と抑圧感は大きく、みずからを『落伍者』と感じてしまう。

もちろん、子どもを産み育てながら働くことは容易なことではない。しかし、子育て中の女性たちが抱える悩みとシングル女性が抱える悩みは異なっており、両者が出会い、共に悩みを相談し合う機会はほとんどないのではあるまいか。未婚/既婚、子どもの有無、専業主婦か働く女性かなどなど、女性の人間関係は、微妙な立場の違いによって隔絶されやすい。相手の状況が見えない分、「なぜ自分だけ」と考えてしまいがちだ。

募る孤立感

高校卒業後、病院事務、デパートの販売員、喫茶店のウェイトレスなどの短期パートを転々としてきた草刈みわさん(三六歳)。現在は実家に暮らしているが、経済的に厳しい状態が続いている。父親のリタイアが間近に迫り、一家が住んでいる団地の家賃を払えなくなるのではないかと考えると不安になる。

「ずっとこんな状態だから結婚とか出産とか、考えたことがありません。〝女性は多様な選択肢がある〟とよく言われるけれど、それは恵まれた女性に限ったこと。このまま一人で年取っていくことを考えると、シングルマザーでさえうらやましく思うことがあります。今はシングルだったとしても、一度はこの人の子どもをと思う男性に出会えたわけだし、自分を必要とする子どももいる――同じシングル女性でもやっぱり状況は違うので、一緒に……というのは難しいですよね。将来孤独死したらどうしようと思うと夜も眠れません」

大隅由紀絵さん(三九歳)は、これまで一度も正社員として働いた経験はなく、短大中退後からアルバイトを転々として来た。

「数日前までスーパーの臨時パートに入っていましたが、期間が修了してしまったので、また職探しです」

コンビニ、クリーニング店、スーパー、ペットショップ、配送業、レジャー施設、旅館、大手雑貨店、データ入力……経験した仕事は数知れず。

「あまりに数が多くて自分でもちゃんと覚えていられないくらい。私は人間関係に苦手意識があって、そのせいか職場で嫌がらせを受けることが多いんです。ストレスで食べられなくなり、体重が三十数キロにまで落ちてしまったこともあります。仕事を変える度に大変な日に遭って寝込んで……仕事変わってまたうまくいかなくて寝込んでの繰り返し。一つの仕事が二年以上続いたことがありません」

小学校を卒業するまでは活発だったが、中学でイジメに遭ったことをきっかけに、すっかり性格が変わってしまったという大隅さん。その後短大に進学するも、一か月足らずで退学してしまったという。

「短大ではイジメられたとかそういうことはないのですけれど、田舎の高校から進学した私には華やか過ぎて、周囲から「私などのいる場所ではない」と言われているように感じて、ほとんど通うことができませんでした」

大隅さんはそれから四年もの間、自宅にひきこもる生活を続けることになる。心配した母親に勧められ精神科を受診すると、社会不安障害と診断されたが、通院を続け、仕事ができるまでに回復した。大隅さんの母親は非婚シングルマザー。工場で働きながら、彼女を懸命に育ててきた。しかし二人でのささやかな生活は母親の自己破産によってあっけなく終わってしまう。

「短大の入学金や学費のせいだと思います。消費者金融で借りたお金が膨らんでいってしまったようです。結局、私は祖母の家で暮らし、母は地方の旅館で住み込みで働くことになりました」

大隅さんは祖母を手伝って家事をしながら、コンビニやクリーニング店などでアルバイトとして働いたものの、いずれも短期間で辞めている。

「唯一長続きしたのが、配送の仕事でした。ところがある時、配達に使っている自家用車を営業車として登録しなければいけなくなり、伯父の車を借りていた私は続けることができなくなってしまいました」

その後も人と接することが少ない在宅の仕事なら向くのではないかとなけなしのお金を払い、ライティングの通信講座を受講したり、地域の若者サポートステーションを利用したこともあったが、突破口は見つかっていない。

大隅さんは現在、マンション管理人の仕事を得た母と伯父の三人で暮らしている。留守がちな母に代わって家事を担うことが多い。

「母の収入と伯父の国民年金を合わせ、ギリギリ生活しています。母もいずれ働けなくなるでしょう。私は一人っ子で、父親とは会ったこともなく、当然その親族との繋がりもない。将来、母や伯父が死んだ後、一人でどうやって生きていくのか考えると不安しかありません」

悩みを相談できる友だちや知り合いはほとんどいない。短大を中退し、ひきこもり生活を送っていた四年の間に、自分のほうから関係を断ってしまったのだ。また仕事を小刻みに変わってきた大隅さんには仕事の仲間や繋がりもない。

「所属感が欲しいと思うことがあります。短大中退後、自分の所属先と言えるようなものがずっとない状態が続いています。無職でも結婚していれば主婦として家庭があるし、学生なら学校があるでしょう。でもアラフォーで未婚で無職だと、自分の所属先はどこにもない。世の中から一人取り残されてしまったように感じるんです」

将来への不安と孤立感は募るばかりだ。

「今これだけシングルの人が多いのだから、絶対に自分と同じような悩みを抱えている人がいるはず。そういう人たちと繋がりたいと思うのですが、どうすればいいのかわかりません。つらくなると〈アラフォー・独身・無職〉ってネットで検索するんですよ。そうすると同じような立場の人が書いたブログが出てきて少しだけホッとできる。不安で孤独なのは私一人じゃないんだって自分に言い聞かせるんです」

若年シングル女性から相談相手がおらず孤立しているという話をよく聞く。大隅さんのように不登校や中退経験があると、学生時代の友だちと関係が切れてしまっていることが多い。派遣や契約、アルバイトを繰り返していると、職場で友だちや仲間を作ることは難しい場合が少なくないだろう。また友だちはいるものの、結婚し子育て中で相談に乗ってもらいにくい、立場の違いから話しづらいといったことがあるようだ。

存在しないもの

シングルで無職や非正規の場合、〝血縁〟〝社縁〟ばかりでなく、〝地縁〟からも切り離されがちだ。そもそも〝地縁〟など存在しないように思われる社会の中で、子育ては地域の人々と繋がる大きな機会である。地域の子育てサークル、幼稚園、小学校などを通して閉ざされていた地域の人々との繋がりに組み込まれていく場合も少なくない。しかし、シングルは自分から積極的に地域と繋がる努力をしない限り、〝地縁〟からも切り離されてしまう。

社会の中で「所属感がない」「居場所がない」と感じるのは、彼女たちだけの問題ではないだろう。

たとえば、国や地方自治体には女性に対するさまざまな支援がある。子育て支援講座、ＤＶ被害女性に対する相談窓口やカウンセリング、シングルマザー向け求職支援、子育てが一段落した女性向けの再就職支援などだ。しかし、シングル女性に的を絞った講座はほとんど開催されていない。貧困、孤立など、シングル女性が抱える悩みが見えづらいため、「支援」の必要性に気づかないのだ。

また、先述のブログのように、直接出会うことが難しい場合でも、同じ立場の人と間接的にでも繋がることによって、励まされ、〝所属感〟のようなものを得られることもある。雑誌はそうしたツールとしては最適ではないだろうか。ところが調べてみると、三〇代半ば以降のシングル女性をメインターゲットにしたような雑誌はほとんど存在しないのだ。

女性誌は、細かい年代設定や可処分所得、家族構成など、さまざまな要素から読者をカテゴライズしている。広告収入がなければ多くの雑誌は成立しないため、広告を見れば、どの層を読者層にしているかは明確だ。可処分所得の低いアラフォー・シングル女性たちが、広告主である企業と発行主であるメディアから〝無視〟されるのは当然のなりゆきなのだろう。

二〇代くらいまでは「独身・シングル」を想定されて作られている女性誌が、三〇代になると「既婚・子持ち」へと変化していく。同じ既婚女性向けでも、「専業主婦向け」「共働き向け」「可処分所得が高め向け」など、さらに分化していく。

約三〇万部（日本雑誌協会調べ）と女性誌の中で最大の発行部数を誇る『ＶＥＲＹ』は、三〇代以降の子育て中の女性がターゲットだ。『ＶＥＲＹ』のコンセプトは「基盤のある女性は美しい」。基盤とはズバリ、家庭のこと。誌面には仕事も、子育ても、自分磨きにも余念がない、美しく賢いママたちが登場する。

創刊当時は専業主婦層が圧倒的に多かった『VERY』の読者層だが、その後、有職者率は増加を続け、二〇一三年の読者調査では五〇・九%が「正社員共働き」。五二・〇%が「仕事は可能な限り続けたい」と答えている(「働くママの、幸せな時間」『VERY』二〇一三年九月号より)。

もちろん、実際の子育てはそんな生ぬるいものではないだろう。長時間労働で都合の良い時だけ〝イクメン〟面する夫。姑に気を使いながら子どもを預け、仕事と保育園のお迎え……と毎日がサバイバルに違いない。『VERY』に登場するママは幻想なのだろう。だからこそ罪深いのだ。

二〇一三年にアラフォー・シングル向けに、雑誌『DRESS』が創刊されているが、こちらはブランドファッションに身を包み、仕事で成功している、可処分所得が高いキャリア女性が主なターゲットである。もちろん仕事も収入も安定しないシングル女性たちとは別世界の話だ。はたして『DRESS』がターゲットとしたような、セレブシングル女性がどれくらいいたのかわからないが、同誌は二〇一五年末をもって休刊となっている。

上方へ押し上げる圧力

元立正大学教授の金井淑子さんは「女女格差が拡がる中、メンタルを病む女性が増加している」と指摘する。

「男性の場合、ひきこもりという形で現れることが多いのに対し、女性はメンタルの問題として出る。うつ、リストカット、パニック障害、摂食障害などに陥るケースがとても多いように思います」

二〇〇〇年代以降、雇用の非正規化が急速に進み、若者の雇用状況が悪化。その影響を顕著に受けたのは若年男性だった。

「これまで家族の稼ぎ手として、雇用や賃金が約束されていた男性が雇用の劣悪化によって下へ下へと押し下げられていきました。男性にかけられている〝下方へ排除する圧力〟に対し、女性にはこれとは真逆の〝上方へと押し上げる圧力〟が働いています」(図6-3)

一般職やパートなど男性を補佐する低い立場にあった女性たちには、女性活躍を推進するさまざまな政策によって、上方へ押し上げてくれる〝追い風〟が吹いてきている。しかしこの〝追い風〟はすべての女性に平等に吹いているわけではないと金井さんは言う。

「〝追い風〟は主に高学歴女性に向かって吹いています。女性管理職率の増加、理系女性研究者育成など、国家や産業界をあげて、女性を戦力化するための施策が推し進められている。かってはは総合職か一般職かの二者択一しかなかったものが、現在は出産、子育てを組み込んだマルチキャリアパスモデルが実現可能になりつつあるのです」

さらに女性の階層を複雑化させているのが、結婚にともなう上昇気流であると金井さんは指摘する。社会的地位の高い男性や収入の高い男性と結婚する、いわゆる玉の輿に乗ることで女性は上方へ押し上げられることがある。しかし、男性の雇用状況が厳しい現在においては極めて実現可能性が低いモデルであるとも言う。

労働力として戦略化されつつある女性は、少子化対策による「産むこと」への圧力にも晒されていると金井さんは指摘する。

「「働け」と「産め」というダブルバインドの中、そこからこぼれ落ちた女性たちがアイデンティティ・クライシスに見舞われても何の不思議もありません。不本意にも労働による自立から排除され、社会通念が誘導する女の幸せにも同一化できない――自立不全感と展望のなさが、今日の女性たちのメンタル的な諸兆候の背景にあると思うのです」

頻発するメンタル系トラブル

将来への不安や誰にも相談できない孤独感などが、メンタル系のトラブルとなって表面化す

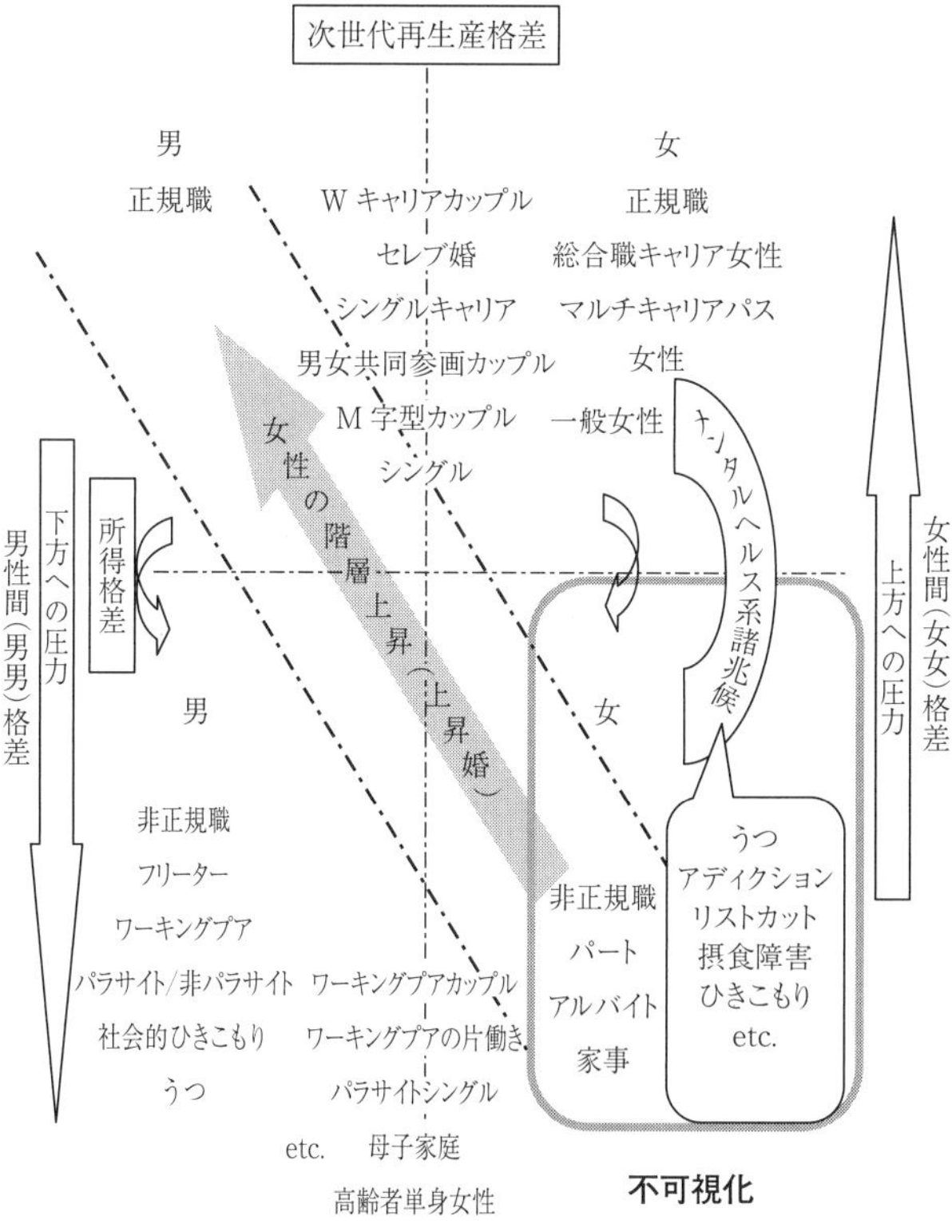

(出典)金井淑子「生産/再生産から排除される，女性の内面へ」(『Business Labor Trend』2013年10月号)より

図6-3　不可視化される女性の「若者問題」

るケースも少なくない。

「氷河期世代三〇人」のうち、精神科や心療内科への通院歴がある人が一七人と過半数を超えた。最初に受診した時期ときっかけをみると、不登校やイジメが六人、職場での過重労働やパワハラ等が九人、その他が二人。仕事でのストレスを上げる人が多いが、不安やストレスなどいくつもの要因が重なり、限界を超えたところで発症するケースもある。

二〇一四年の東京消防庁の発表によると、自損行為(睡眠薬等の薬物、刃物、縊首等)によって救急搬送されたのは、四〇五五人で、最も多かったのは二〇代女性で六九六人。三〇代女性五七三人、四〇代女性五〇五人と続く。一方、二〇〜四〇代の男性はいずれも二八〇人ほどと半分以下に留まっている。

生活困窮者への支援を行ってきたNPO法人もやいは、二〇〇四〜一一年までの間に、もやいへ相談に訪れた二三〇五ケースを分析した。相談者の中で、女性の占める割合は一三%と少ないものの、疾病の有無を分析すると、男性の五七%、女性の四二%に身体的疾病があり、男性の二一%、女性の五二%に精神的疾病があるという結果になった。

また2章で紹介した無業女性支援のための「ガールズ講座」を行っている横浜市男女共同参画推進協会による調査では、六八%がメンタル面の不調があると答えている。

貧困、孤独、暴力、セクハラなど、さまざまなトラブルに直面すると、女性は男性に比べ、メンタル系の疾患として表れやすいことは事実のようだ。

しかし、メンタル系の問題を扱う際には注意が必要だ。インタビューをした女性の中にもリストカットで大量に出血し、生死の境をさまよった人や、会社の最寄り駅についても電車を降りることができなくなってしまった人など、さまざまなトラブルを抱えた経験がある人がいた。

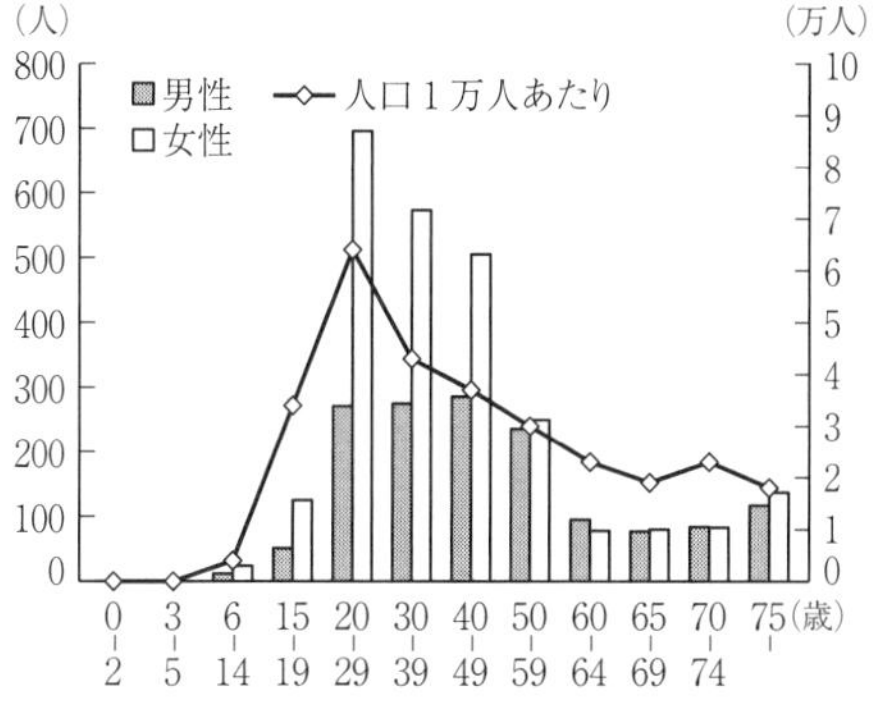

(資料)東京消防庁「救急活動の現況」2014年

図6-4　自損行為の年齢層別搬送人員

ところが、よくよく話を聞いてみると、リストカットには、子ども時代から続く貧困と父親との不和が、電車を降りられなくなった女性は、上司からの執拗なパワハラが、深く関連していることがわかった。

それぞれインパクトが強いだけに、その行為をした女性個人にスポットライトをあてがちになるが、職場のトラブルの背景には雇用の問題が、家族不和の背景には貧困と家族福祉に依存し過ぎる社会システムの問題がある。しかし、メンタル系の疾患として病名がついてしまうことで、背景に潜む問題を一蹴し、彼女たち個人の問題、ひいては精神的に弱い人間の自己責任へと帰結させてしまいがちだ。

分断を超えて繋がるには

〝男女不平等〟が当たり前だった時代、結婚・出産後に仕事を続けるという選択肢すらなかった時代には、女性というだけで、理不尽な目に遭うことがあっただろう。しかしその分、女同士というだけで、繋がることができる部分があったのではないか。

その後、女性が働くための施策が整備され、結婚・出産後も働き続ける道を含め、さまざまな選択が可能になったかに見える。一方ですでに多数を占めていた女性の非正規雇用率は増加を続け、三人に一人の女性が貧困という現実がある。

正規／非正規、既婚／未婚、子どもの有無、総合職／一般職など、女性の間にはさまざまな立場による分断が存在する。それは本人が望んだものばかりではなく、やむを得ざる状況の中で選んでいることもある。現在積極的に進められている女性活躍推進の動きは、こうした女性間に拡がる格差を固定化し、分断の谷間をさらに深いものにしている。

しかし、今一度立ち止まって考えてみたい。そもそも格差や分断は、女性たちが望んで作ったものではなく、国の税制や社会政策によって作り上げられたものであるのだ。また女性を細かくカテゴライズする雑誌をみても明らかなように、消費者としてある一定の女性を囲い込もうとする企業もまた、女性分断の一端を担っていると言えるかもしれない。

女性たちが差異を超え、繋がるためには、相互の理解が欠かせない。しかし分断されているため、互いの現実や悩みを目の当たりにする機会は極端に少ない。それだけに異なる立場の人と出会う努力をすることは重要だろう。

さらに明らかな不平等や理不尽には、声を上げていかなければならない。とかく弱い立場にあると人は声を上げづらい。分断を超えて生きるために、想像力を働かせること、互いに排除しない、排除されない社会を作っていくことが大切であると考える。

終章　一筋の光を求めて

「プア充」に潜む罠

ここまで女性たちの苦しい状況を見てきたが、「貧困」というタームでは括りきれない、さまざまな生きづらさがあることがわかる。

バブル期とは異なり、若年たちは可処分所得の高い層ではなくなっている。海外旅行に行かない、車を持たないなど、若者たちの志向や興味が変わってきていると指摘されるようになって久しいが、それは、女性誌の特集記事などにも顕著にあらわれている。

月刊『日経ウーマン』は、一九八八年に創刊して以来、ファッション、コスメなどが中心の一般女性誌とは一線を画した、女性の働き方、生き方などに関するさまざまな情報を提供してきた。特集の内容も時代によって変化しており、その時々の女性たちの生き方を反映している。九〇年代には、「出世するための仕事術」や「仕事で使える英語」など、キャリアアップを目指す女性のための特集が多かった。ところが、ここ数年は「節約法」「お金の貯め方」といった特集が頻繁に登場している。たとえば二〇一五年に発売された一二号分を見ても五号分の巻頭特集がお金にまつわるものになっている。

若者たちは、我慢しているわけではなく、自分なりの豊かさを追求し、日々を充実させ、生きているようにも見える。

恋人がいる、友人や仲間に恵まれているなど、実際(リアル)の生活が充実していることを表す「リア充」という言葉がある。ネットの世界にひきこもっている人を揶揄する意味で、その対極にある人を「リア充」と呼んだことから広まった。物質的な豊かさより、人間関係や日々の生活の満足度を求めるようになった若者の傾向を表した言葉だが、このリア充が貧困の実態を隠してしまうことがある。

セックスワークなどで日銭を稼ぎ、ギリギリの生活を送っている女性たちを取材した鈴木大介著『最貧困女子』(幻冬舎新書、二〇一四年)の中には、そんなリア充ならぬ、「プア充」女子が多く登場する。鈴木は取材を通して、地方都市に住み、年収一〇〇万円程度の低所得だが、地元の仲間が大勢いて、日々を明るく生きているプア充女子に会い、「彼女たちは〝最貧困女子〟だろうか?」という疑問がわき上がってきたという。とはいえ、彼女たちの多くは貧困から抜け出せることはなく、その負の遺産は子どもへと引き継がれていく可能性が高いとも、鈴木は指摘している。

テレビでは、芸能人が下積み時代、お金がなくて、苦労した話が美談として頻繁に登場する。

芸能人に限らず、「若い時は貧乏を経験しておくべきだ」という考え方もある。

二〇一一年から始まった『幸せ！ボンビーガール』（日本テレビ系列）は現在も続く人気バラエティ番組だ。夢のために貧乏生活を送る女性たちや、お金をかけず日々の生活を楽しむ秘訣などが紹介される。まさしく「プア充」の代表である彼女たちは、貧乏を苦にしている様子はない。むしろ貧乏であるがゆえに、逆境にめげず、夢を追い続ける姿は、より輝いているようにさえ見える。

私が取材をした多くの女性たち、とりわけ一人暮らしの女性たちもまた、「プア充」の部分を持ち合わせていた。「野菜の皮を干してきんぴらにするとすごく美味しい。そうやって、ていねいに生活することで癒されることがある」と話している。「一〇〇円ショップにある道具を工夫して使って季節感のある小物を作り、飾っている」「節約も兼ねてベランダで野菜を作っている」「ディズニーランドだけは譲れないので、卵かけご飯だけの生活を続け、年パス（一年間入場可能になるパスポート）を取っている」「アイドル歌手のコンサートに行くお金だけは何とか工面している」、そんな生活のちょっとした「プア充」を楽しんでいる女性たちの話をたくさん聞いた。

経済的に厳しい状況の中、発想を転換し、前向きに生きていくこと――〝プア充〟をいかに増やしていくかという視点は大切だ。そうすることによって、事態が好転することもあるだろう。一方で、やはり「プア」から脱することは、最重要課題である。時に背後にある貧困の実態を不可視化させてしまう「プア充」の語りに惑わされることなく、一人ひとりの置かれた状況に向き合い、必要な対策を講じていく必要がある。

貧困とは何か？

若年女性の貧困について話す時、たびたび指摘されることの一つに「実家暮らしのパラサイト女性は貧困とは違う」というものがある。そのたびに、「世帯収入からすれば、貧困ではないが、本人の可処分所得からすれば、貧困にあたる」と反論してきた。実際、実家に暮らす女性に取材のお願いをすると「交通費がないので自宅の最寄り駅まで来て欲しい」という人が少なからずいた。

また可処分所得が低い実家暮らしの女性が貧困ならば、専業主婦はどうなるのか？という指摘も受けた。確かにその通りである。誤解を恐れずに言うならば、「貧困と隣り合わせである」と言うことができる。夫がどんなに高収入でも、夫と離別した後、仕事も、頼ることができる家族もいなければ、たちまち貧困に陥る可能性がある。それはシングルマザーの貧困率の高さを見れば明らかだ。

そもそも貧困とは何なのか？　近年、所得の多寡だけではなく、家族や友人など頼れる人間関係はあるか、教育を受ける機会があったか、健康で社会参加することができるかなど、人や社会との関係に着目して貧困を捉える、「社会的排除」という概念が一般化されつつある。また社会的排除では、現時点のみを問題にするのではなく、ライフコースの中で貧困を捉えていく、「スナップショットではなく、ムービーである」と社会的排除概念を広く紹介した岩田正美は書いている(『社会的排除』有斐閣、二〇〇八年)。

実家暮らしの女性は、現在、衣食住に困ることはないかもしれないが、親の死後、貧困に陥る可能性が高い。また同じ仕事がない状態でも、学歴や職歴がある女性とない女性では、貧困状態から脱する可能性も変わってくる。

とりわけ不可視化されやすい女性の貧困を見る時は、社会的排除概念に基づき、過去と未来の生きづらさ、働きづらさも視野に入れた指標が必要であるように思う。

社会的排除の視点を取り入れることで、見えなかった問題が浮き彫りになったり、貧困というタームでは括りきれない、複合的に絡み合っていた状況が明らかになることもある。「実家暮らしは貧困なのか？」「〝プア充〟は貧困か？」という問題は、おのずと解決していくのではないだろうか。

労働への包摂と脱労働

若年シングル女性が置かれている厳しい状況は、簡単に解決できるものではない。万能な処方箋を出すことはできないが、社会構造や社会政策を変えるようなマクロなものと、当事者をはじめ私たちができるミクロなものについて、可能な限り考えてみたいと思う。

まず初めに雇用に関してである。

現在、男性一般労働者の賃金を一〇〇とした時、女性一般労働者の賃金は七〇・九、女性短時間労働者の賃金は五〇・五にしかならない。（厚生労働省「賃金構造基本統計調査」二〇一二年）。この男女間の賃金格差を縮小していくことは喫緊の課題だろう。

非正規雇用の人や無業の人が、安定した仕事に就き、生活に足る賃金を得るようになれば、物質的な貧困の問題は解決する。しかし、雇用が安定した仕事の多くは、学歴や職歴、年齢に関する要件がついてまわるため、就職が難しいのが現実だ。とりわけ低学歴の女性たちはそれだけで不利な状況にある。

いささか突飛な提案かも知れないが、私は採用における学歴要件をなくすことが必要であると思っている。サービス経済化が進む中、若年女性のニーズが高いのは、販売や接客などの仕事である。接客に求められるのは、机上で得た知識ではなく、話しやすさや親しみやすさ、機転などではないか。とはいえ、販売や接客の仕事は非正規雇用率が高いため、残る問題はあるだろう。

また資格取得や教育訓練によって、職歴等における不利を払拭することができる場合がある。しかし、貧困ギリギリの生活をしていると、お金と時間を捻出することが難しい。現在、雇用保険の受給資格がない失業者が無料で職業訓練を受けることができる求職者支援制度がある。非正規雇用は正規に比べ、研修等の機会は少なく、教育訓練を受ける際も自腹で支払わなければいけない。非正規雇用であっても、キャリアを積んでいけるよう教育訓練に対して公的支援があってもいいのではないか。

とはいえ、正規雇用になるだけが解決策とは言えない現状があることは、これまで見てきた通りだ。正社員として長時間労働と過酷な環境で働いた経験から、意図的に非正規雇用を選んでいる人もいる。また今後、非正規雇用率が下がることは考えにくい。

正規雇用を目指すのではなく、非正規雇用を自立して生きるに足る働き方にしていくほうが現実的であるかもしれない。そのためにはまず同一労働同一賃金が必須条件になる。また複数の仕事を掛け持ちしている非正規女性や自営業者のために、年金を一元化すること、家族形態による不公平感をなくすため、社会保険を個人単位にしていくことも必要であると考える。さらに健康診断を受診しづらい非正規や無業の女性たちに機会を作ることも必要だろう。

「働く女性のホットライン」を実施している「働く女性の全国センター」（ACW2）副代表の伊藤みどりさんは、長年にわたって多くの女性たちの仕事に関する悩みに耳を傾け、解決に向けて奔走してきた。

「極端な意見と言われるかもしれませんが、私たちは最近、〝週三日労働で生きさせろ〟という主張をしています」

男女雇用機会均等法以降、女性保護規定は撤廃され、労働時間を男性並みに合わせる規制緩和が進み、長時間労働が蔓延していった。

「一九九九年、女性の深夜労働が解禁になった年を境に雇用破壊が急速に進行し、病気になる人が急増しました。もはや正規になることが正解ではない。男性並みの労働から脱却することに視点を合わせるべきです」と伊藤さんは言う。

とりわけ女性の場合、育児、介護など、制約がある働き方をしている人の比率が高い。

「人間、疲れもし、休みもし、病気もする、働きたくない時だってある。そんな生身の人間が無理せず働くことができる仕事こそがディーセントワークではないでしょうか」

誰もが望めば、就労による自立が可能である社会を目指す一方、就労が困難な状況にあっても不安や負い目を感じることなく、生きていくことができる社会を私たちは作っていく必要がある。

家族による包摂と脱家族

日本は家族による包摂が強固な国だ。しかし女性にとってそれは諸刃の剣になり得る。経済的に自立できない若年シングル女性は家族に頼るべきという価値観が根強くある。それゆえ、たとえ実家は針のむしろでも、家を出られない場合が少なくない。

仕事が不安定な中、毎月家賃や光熱費を払い、一人暮らしを維持し続けることに不安を感じるのは当然だろう。都市部では、家賃も初期費用も高額である。一人暮らしの経験がなく自信が持てないという声もあった。

家族との関係が最悪でも、「これしか選択肢がないから」と耐え忍んでいる人に出会ってきた。家族もまた娘の将来を危惧する気持ちが、きつい言葉や態度となって表に出てしまうことがあるのかもしれない。

さらに家族からの深刻な暴力に晒されている人たちの状況も見てきた。決死の覚悟で家を飛び出した女性たちは、公園で過ごしたり、街で出会った男性の家に泊まったりと、実質的なホームレス状態を経験している。いずれも支援団体の手を借りて生活保護を申請し、家族から離れることに成功しているが、「未婚の娘の家出」程度に捉えられ、実家に戻されるケースもあるだろう。

また、仕事が不安定な女性が実家を出る場合、生活保護制度に頼るしかないという事実も浮き彫りになってくる。それは一人暮らしの女性が仕事を失った途端に貧困に陥り、生活保護を受けざるを得なくなる状況からも明らかだ。たとえ生活保護を脱したとしても、またちょっとした出来事をきっかけに困窮するのではないかという不安を常に抱えている。見通しの立たない将来への不安が精神的ストレスとなり、うつ状態がいつまでも改善しないというケースも少なくない。

たとえば、家賃補助や無利子貸付金制度、公営住宅などが利用できれば、生活保護を受給せずに済んだことが考えられる。しかし、都営住宅などの公的住宅では、六〇歳以上の高齢者や障害者を除き、単身者が入居できる物件はほとんどないのが現状だ。

二〇一五年四月から生活困窮者自立支援法が施行され、条件を満たせば、住宅手当の受給が可能になった。しかし住宅手当を受給できる期間には限りがある。不安定就労を続けてきた人が条件のいい正規職に就ける可能性は低く、根本的な解決には至らない場合が多い。

また、いざと言うときに駆け込むことができるシェルターや婦人保護施設の役割も重要だ。シェルターなどは、夫からDV被害にあった女性たちが利用するものと思われがちだが、女性なら誰でも利用することができる。こうした情報を広めていく必要があるだろう。

一人暮らしをしている女性たちは、今の生活をいつまで維持することができるのかという不安を常に抱えている。それでも彼女たちは、実家で家族との関係に悩みを抱えている女性たちに比べ、生活全般の満足度が高いように感じた。

家族による呪縛から離れ、ようやく安心して暮らすことができる女性たちもいるのだ。だからと言って、何がなんでも〝独立すべき〟〝自立すべき〟と考えているわけではない。「いい年をして嫁にも行かず、実家にいて恥ずかしい」と感じる人もいる。しかしこれもまた日本独特の家族包摂ルール、つまり子ども時代は父親に、ある年齢に達したら夫に包摂されるべきという、「男性稼ぎ主モデル」に基づいたルールにがんじがらめにされているだけではないのか。

家族との関係が良好であるならば、無理に実家を出る必要はないという考え方もある。独身者の実家居住率が高い日本と異なり、欧米では親元を離れることが大人への条件であると考えられてきた。しかし、近年、欧米においても若者の雇用状況は厳しいため、一度独立した後、実家に戻る若者が増えてきているという。家族が閉じたり拡がったりしながら子どもを受け止める様子から、「アコーディオン・ファミリー」と呼ばれる。

実家暮らしをしているシングル女性の中には、家事や介護などで親から頼りにされている人もおり、同居が家族戦略として功を奏している場合も少なくない。

ただし、「アコーディオン・ファミリー」は家族に伸び縮みできるだけの経済力があり、家族間の関係が良好な場合に限られることを書いておく必要がある。

〝離家すべき〟〝実家に留まるべき〟は、一見すると相反する考え方のように見えるが、根本的なところは同じである。それはどんな場合でも当事者の希望が優先されるべきであり、「男性稼ぎ主モデル」に基づく日本的な家族包摂ルールから自由であるべきということだ。

最近、政府は少子化対策として、三世代同居した場合の税制上の軽減措置を創設した。配偶者控除を見てもわかるように、日本ではどのような属性の人と住んでいるかが、いまだに重要であるらしい。

しかし、誰でも家族から離れて生きていきたいと願うなら、それをサポートする仕組みがあるべきだし、誰と暮らしても制度上不利にならず、生きづらさ、後ろめたさを感じない社会であるべきだろう。

「男性稼ぎ主モデル」の崩壊と意識のズレ

結婚前の女性は父親に、結婚した女性は夫に、夫と死別した女性は息子に頼るべきという「男性稼ぎ主モデル」は、終身雇用制の崩壊や非正規雇用の増大によってもはや風前の灯火である。

そもそも男性が長時間労働をし、女性が家事、育児、介護などの再生産労働を担う「男性稼ぎ主モデル」において、〝専業主婦〟に徹することができたのは、正規雇用で収入が高い〝稼ぎ主〟がいる女性だけだった。

配偶者控除を受けている女性の比率を見ると、夫の年収が高い女性ほど高くなっているという皮肉もある。つまり世帯年収が低い層では、「男性稼ぎ主モデル」、すなわち男性の片働きでは生活を維持できず、妻が働くことが自明であったということができる。

さらに格差の拡大と貧困の拡がりによって、若年層を中心に不安定な仕事を余儀なくされる男性が増えている。最近、専業主婦願望を持つ若年女性が増えているが、もはや誰もが簡単になることはできなくなった〝専業主婦〟への羨望であるのだろう。

夫となるべき若年層は非正規雇用が多く、正規雇用でも賃金が上昇していく見込みは少ない。こんな状況だから、単身高齢女性は息子に頼れないし、頼りたくないと考える。未婚化、晩婚化が進む中、父親のスネはすでになくなっている可能性が高い。

ところがそんな状況にあっても、人間の価値観は簡単に変わるものではないようだ。

女性の貧困は可視化されづらいと書いてきたが、当事者や家族も貧困のリスクを認識していない場合も少なくない。たとえば、大学卒業以来、アルバイトを転々としてきた女性は実家で不自由ない暮らしを送り、現状に満足していると語っている。また高校中退後、自宅に何年もひきこもっている女性は不安を感じることはないし、家族も何一つ文句を言わないという。

いわゆるブラック企業で働き、身も心もボロボロになることを考えるなら、ずっと良い選択肢かもしれない。そのまま〝稼ぎ

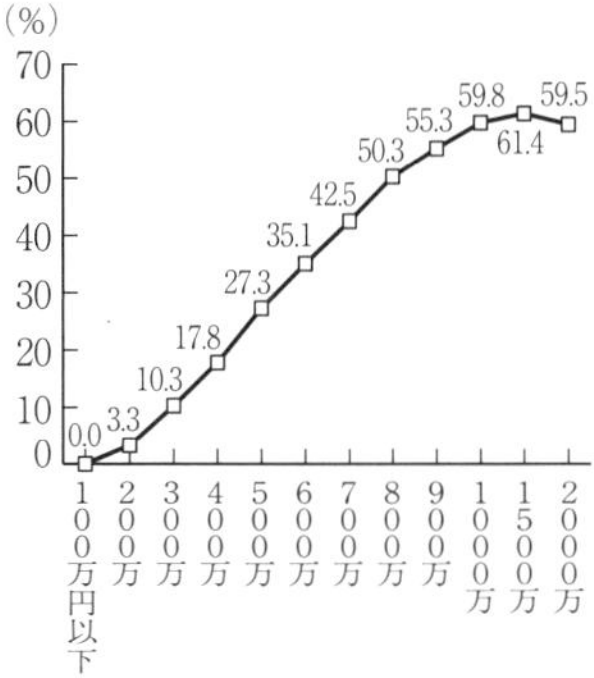

(注)「年末調整を行った1年を通じて勤務した給与所得者」の総数に対する配偶者控除の適用者の割合.

(出典)内閣府男女共同参画局『男女共同参画白書 平成24年版』

図終-1 給与階級別の配偶者控除の適用割合

主〟となる男性と結婚し、貧困や生きづらさとは縁のない人生を歩む可能性も十分ある。

しかし、「お姫様は末永く幸せに暮らしました。おしまい」で終わればいいが、それが続く保障はどこにもないのだ。

女性には多様な選択肢があると言われることが多い。橘木俊詔は前述の『女女格差』のあとがきの中で、「女性のほうが人生のさまざまな段階で選択肢に直面する機会が多い」と記している。選択肢とは、結婚するか、専業主婦になるか、子どもを持つか、フルタイムかパートタイムかといった選択肢だという。そして「女性の方が選択肢が多い柔軟な人生が送れるのであるから、それがうまく行けば満足度も男性より高い人生ではないか」と結んでいる。

しかし、この「多様な選択肢」という考え方がくせ者ではないかと私は思っている。結局のところ選択肢の多くは、「結婚」もしくは「将来するであろう結婚」を前提としたものであるからだ。さらにこの場合の結婚は男性が主な稼ぎ主となる結婚である。そうでなければ、専業主婦やパートタイムは選べないからだ。

多様な選択肢ゆえに「女性は気楽だ」と言われてきたし、女性自身もまたそう信じ込まされてきた。

一方、苦しい立場に置かれた女性たちほど、「選択肢」は少ない。学歴が低ければ非正規職しかない、夫がいないのでフルタイムで働かざるを得ないなど。また年齢を重ねるにつれて、無限にあると思われていた「選択肢」は限られたものだったことに気づく。仕事を続けるつもりだったが、夫が育児に非協力的で辞めざるを得なかった、結婚して子どもを産みたかったが、相手がいなかったなど。

私は女性が貧困から脱する一つの方法は、この「多様な選択肢」という考え方、すなわち結婚を前提とした意識を捨て、「世帯主」としての意識を身につけることだと思っている。それは既婚女性も同様だ。当然、意識だけではなく、税や社会保障など世帯単位のものを個人単位に変えていく必要もある。

貧困率にしても世帯収入で見るため、一人暮らしをしない限り、女性の貧困が不可視化されてしまうことは、これまで書いてきた通りだ。世帯に隠れてしまうと貧困であることすら認めてもらえない女性の状況を可視化させるためにも、〝世帯主〟を意識することは重要な第一歩であると言える。

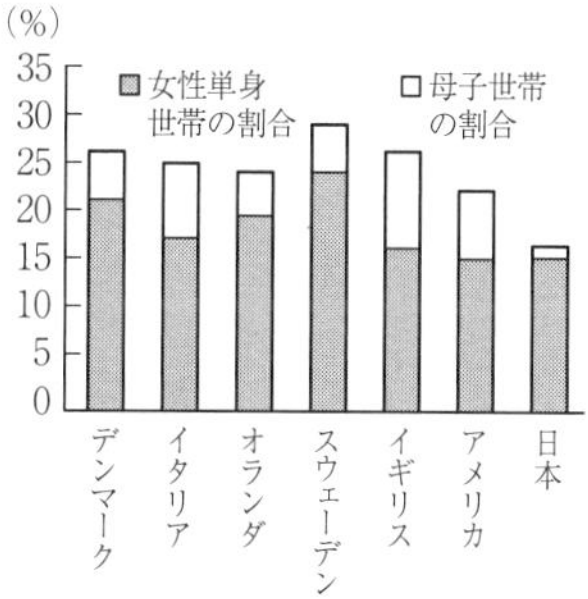

(出典)丸山里美「女性ホームレスの問題から」小杉・宮本編著『下層化する女性たち』

図終–2　先進国の全世帯数に占める女性が世帯主の世帯の割合

貧困女子を超えて

本書のタイトルを「貧困女子」とすることについてずっと躊躇していた。「実家暮らしは貧困であるか否か」の議論ではないが、「貧困」という言葉を用いた途端、可処分所得の多寡などによる客観的な〝選別〟が始まってしまう。しかし、女性の貧困は把握しづらく、「貧困」という言葉を使うことによって、周辺層を排除してしまう可能性があると考えたからだ。

2章で紹介したような、無業女性のための就労支援講座を実施している団体の多くは、対象者を集める際、「働きづらさ、生きづらさに悩む女性」といった言葉を用いている。働きづらさ、生きづらさというフレーズを使うことによって、「貧困」だけでは見えてこない、隠れた困難層を掘り起こそうという意図があるのだろう。

本書では、まさにこの働きづらさ、生きづらさを抱える女性たちの現実を、社会構造上の問題として描き出したいと模索してきた。

就職氷河期による就職難、雇用の非正規化、過重労働の拡がりと、そうした状況ゆえ、家族に依存せざるを得ないことによって巻き起こる問題など、「雇用」と「家族」による包摂は限界に達している。女性たちもまた、働きづらさ、生きづらさの背景には、こうした問題があることに自覚的であるだろう。

さらに本書では、若年女性たちを追い詰めている背景には、国を挙げた少子化対策と女性活躍推進があると指摘した。家から一歩出た途端、貧困に陥るリスクが高い状況は昔から何一つ変わっていないのに、現在の若年女性たちは、「一億総活躍」のかけ声のもと、「働き、子を産み育てること」も期待されている。

国の施策が、個人の価値観や結婚・出産といったプライベートな領域に影響を及ぼすと考えるのは杞憂だという意見もあるかもしれない。社会がどうあれ、みずから選択的に「おひとりさま」の道を歩んでいる女性たちももちろんいる。

一方、インタビューをした若年シングル女性たちの多くは、非正規／シングル／子どもなしという状態を、積極的に選択してきたわけではない。それは結婚・出産に対するプレッシャー、将来への不安、社会の役に立っていないことに対する焦燥感がたびたび語られたことからも明らかだ。

「働き、子を産み育てること」ができない自分を責め、落ち込む。そこにあるのは雇用や家族関係に起因する自覚的な生きづらさとは異なる、〝空気のように漂う生きづらさ〟だ。

社会に対し、この空気のように漂う生きづらさを感じているのは、若年女性だけではないだろう。

今の世の中、経済的（働いて税金を払う）、社会的（子どもを産み育てる、介護を担うなど）に活躍（国に貢献）していない人は〝ダメ人間〟のレッテルを貼られ、沈黙を余儀なくされる。仮にそうした立場から「苦しいのは社会のせいだ」と発言しようものなら、たちまち袋だたきに遭ってしまう。

格差と分断が進む一方、貧困問題に注目が集まっている。とりわけここ数年、最も積極的に取り組まれているのが、子どもの貧困対策だろう。他方、「自己責任」と思われがちな大人の貧困に対しては、厳しい目が向けられる傾向にある。たとえば、生活保護費の使い道を厳しく取り締まる条例を作る市町村など、「救われるべき貧者」であるか、ふるいにかけられるのだ。

3章で、職場でのイジメとストレスからうつになり、職を転々とした後、障害者枠で就職した結果、ようやく落ち着いて働くことができている女性の話を書いた。彼女は「救われるべき弱者」となってはじめて、自己責任論から解放されたに過ぎない。

「救われるべき貧者、弱者」として認められない限り、〝ダメ人間〟と烙印を押され、終わりのない努力を強いられるのだ。

しかしこの「救われるべき貧者、弱者」という価値観は非常に危うく、移ろいやすい。

さらにそれに値するかどうか、衆人環視に晒される。具体例を挙げるなら、貧困状態であるとテレビに映し出された人の持ち物を逐一チェックして「○○を持っているのだから貧困ではない」と言ってみたり、生活保護を受給しているくせに「××をしているなんてけしからん」と批難したりする。時にこのバッシングの先頭に政治家が立つことすらある。

「救われるべき貧者、弱者」であるためには、常に頭を低くし、憐れみを請わなければならない。しかし「健康で文化的な最低限度の生活」を謳った憲法二五条を持ち出すまでもなく、誰もが生きる権利を有している。困難な状況にある人を救済することは、憐れみでも何でもなく、国家の当然の義務なのだ。

一体、今の社会は、誰にとって生きやすい社会なのだろうか？　〝ダメ人間〟のレッテル貼りをしてバッシングする人もまた、生きづらさを感じているように思われてならない。

本書では、過重労働に疲弊する人々やイジメやパワハラが横行する職場について、繰り返し記述してきた。身も心もボロボロになるまで働き、過剰なくらい活躍しなければ認められない社会――それはどんなに優秀な人間でも、容易に脱落する可能性がある社会だ。そんな日々の疲労感と閉塞感が他者への攻撃に向かわせるのかもしれない。

しかし、安定した雇用が限られることも、若者の就職が厳しいことも、個人の努力が足りないせいではなく、社会構造上の問題である。こうした状態を改善するために、国は一体何をしたのだろう？

政府は引き続き少子化対策や女性活躍推進の名の下、さまざまな政策を打ち出すことが予想される。しかし正社員の給料が過去最高を記録した背景で、雇用者数に占める非正規雇用者の比率は過去最高を記録。女性活躍推進法が成立した年に、派遣労働者を期限なく使える改正労働者派遣法が成立していることはこれまでにも書いたとおりだ。

一方において福音となる政策も、他方においては、分断を広げ、格差を固定化させる道具ともなり得ることを忘れてはならないだろう。

最終的にタイトルを「貧困女子」としたのは、やはり〝貧困にすらなれない女性たち〟を可視化させることから始めなければならないと考えたからだ。それは同時に〝空気のように漂う生きづらさ〟を可視化させることであると思っている。満足な仕事もしていないくせに、まともに税金も払っていないくせに、結婚していないくせに、子どもがいないくせに……といった〝空気のように漂う生きづらさ〟と自己責任のループに絡め取られてはならない。

立ち込める雲の中から一筋の光を求めて――誰一人として生きづらさを感じない社会を目指すことをあきらめてはならないのだ。

あとがき

これまで注目されることが少なかった若年女性の貧困を明らかにしたいとインタビューを開始して、四年の月日が経ってしまった。

この間、「貧困女子」をテーマにした書籍は複数出版されており、インターネット上には、「貧困女子」をテーマにした記事が、〝定番コンテンツ〟のように溢れている。

記事の中には、女性たちの外見(服、バッグのブランド、髪型、化粧の仕方など)が臨場感たっぷりに綴られ、これまで付き合った男性遍歴について詳細に語られているものも多い。服装やちょっとした仕草などは、その人を知る上で重要なヒントを与えてくれる場合もある。しかしはたして、貧困男性を記事にする際、外見に関してそこまで細かい描写をするだろうか? 付き合った彼女について詳細に聞くだろうか?

「貧困女子」へのインタビューをすればするほど、つかみどころがなく、難しかったと書いた。家を出て街を彷徨い、夜ごと知り合う男性の部屋へ行く一〇代の少女、大学の学費を稼ぐためデリヘルで働く名門大学に通う学生、妊娠中と出産直後は雇ってくれるところがないので、妊婦専門の風俗店で働いていたシングルマザーなど、女性たちの経験は衝撃的なものが多かった。しかしショッキングな内容であるほど、背景にある貧困の問題は、まるで目眩ましにあったように、見えなくなってしまう。

メディアで取り上げられる「女性の貧困」もまた驚くようなものが多い。人々の関心を惹きつける上で有効な手段であるかもしれないが、衝撃的な物語が展開されるほど、「女性の貧困」は特殊なものとして捉えられ、個人に起因した問題として処理されてしまう傾向にある。

一方、不登校になってから一〇年以上家にひきこもっている女性や、生活費をギリギリやり繰りしながら一人暮らしを続けている派遣社員の女性には、ドラマチックなストーリーはないかもしれない。一度も男性と付き合ったことがない女性もいる。そんな平凡な貧困女子の声は届けられることがほとんどないし、本書でもすべて拾い切れたとは言えないだろう。

本書に登場した女性たちの背後には、無数の、声を上げることすらできない女性たちの存在があることを忘れてはならない。どんな時も〝今ここにいない人の存在〟を感じる想像力が必要であるだろう。

女性たちと出会うため、実にさまざまな方々にお世話になった。「インクルージョンネットかながわ」「with you さいたま」「横浜市男女共同参画推進協会」「首都圏青年ユニオン」「東京都高校中退者調査チーム」ほか皆さま。また連載の機会をくださった『婦人公論』編集部工藤尚彦さん、企画段階からお世話になった元岩波書店編集部山川良子さん、そして長期間にわたってご迷惑をお掛けしながら、いつも広い心で受け止めてくださった岩波書店編集部上田麻里さんに心から感謝を申し上げる。

苦しく困難な状況に置かれている人たちの声を代弁したいという思いが、私をここに導いてくれた。しかし、女性たちに話を聞いているうちに「やっぱりそうだよね」「私もそう思っていた」と共感し、励まされることが多かった。彼女たちの声は、私自身が感じてきた生きづらさを代弁してくれるものであったことに遅まきながら気がついたのだ。

そんな女性たちの声なくしては、本書は成立しなかった。ご自身の経験を話してくださった女性たちお一人おひとりを思い浮かべながら、感謝のうちにペンを置きたいと思う。

二〇一六年八月

飯島裕子

飯島裕子

東京都生まれ．ノンフィクションライター，桜美林大学准教授．一橋大学大学院社会学研究科修士課程修了．大学卒業後，専門紙記者，雑誌編集を経てフリーランスに．人物インタビュー，ルポルタージュを中心に『ビッグイシュー日本版』『婦人公論』等で取材・執筆を行っているほか，大学で教えている．著書に『ルポ若者ホームレス』(ちくま新書，2011年)，インタビュー集に『99人の小さな転機のつくりかた』(『ビッグイシュー日本版』編集部編，大和書房，2010年)『ルポ コロナ禍で追いつめられる女性たち――深まる孤立と貧困』(光文社新書，2021年)等がある．

ルポ 貧困女子　　岩波新書(新赤版)1621

2016年9月21日　第1刷発行
2024年12月13日　第5刷発行

著　者　飯島裕子《いいじまゆうこ》

発行者　坂本政謙

発行所　株式会社 岩波書店
〒101-8002 東京都千代田区一ツ橋2-5-5
案内 03-5210-4000　営業部 03-5210-4111
https://www.iwanami.co.jp/

新書編集部 03-5210-4054
https://www.iwanami.co.jp/sin/

印刷・理想社　カバー・半七印刷　製本・中永製本

ISBN 978-4-00-431621-3　　Printed in Japan

岩波新書新赤版一〇〇〇点に際して

ひとつの時代が終わったと言われて久しい。だが、その先にいかなる時代を展望するのか、私たちはその輪郭すら描きえていない。二〇世紀から持ち越した課題の多くは、未だ解決の緒を見つけることのできないままであり、二一世紀が新たに招きよせた問題も少なくない。グローバル資本主義の浸透、憎悪の連鎖、暴力の応酬――世界は混沌として深い不安の只中にある。

現代社会においては変化が常態となり、速さと新しさに絶対的な価値が与えられた。消費社会の深化と情報技術の革命は、種々の境界を無くし、人々の生活やコミュニケーションの様式を根底から変容させてきた。ライフスタイルは多様化し、一面では個人の生き方をそれぞれが選びとる時代が始まっている。同時に、新たな格差が生まれ、様々な次元での亀裂や分断が深まっている。社会や歴史に対する意識が揺らぎ、普遍的な理念に対する根本的な懐疑や、現実を変えることへの無力感がひそかに根を張りつつある。そして生きることに誰もが困難を覚える時代が到来している。

しかし、日常生活のそれぞれの場で、自由と民主主義を獲得し実践することを通じて、私たち自身がそうした閉塞を乗り超え、希望の時代の幕開けを告げてゆくことは不可能ではあるまい。そのために、いま求められていること――それは、個と個の間で開かれた対話を積み重ねながら、人間らしく生きることの条件について一人ひとりが粘り強く思考することではないか。その営みの糧となるものが、教養に外ならないと私たちは考える。歴史とは何か、よく生きるとはいかなることか、世界そして人間はどこへ向かうべきなのか――こうした根源的な問いとの格闘が、文化と知の厚みを作り出し、個人と社会を支える基盤としての教養となった。まさにそのような教養への道案内こそ、岩波新書が創刊以来、追求してきたことである。

岩波新書は、日中戦争下の一九三八年一一月に赤版として創刊された。創刊の辞は、道義の精神に則らない日本の行動を憂慮し、批判的精神と良心的行動の欠如を戒めつつ、現代人の現代的教養を刊行の目的とする、と謳っている。以後、青版、黄版、新赤版と装いを改めながら、合計二五〇〇点余りを世に問うてきた。そして、いままた新赤版が一〇〇〇点を迎えたのを機に、人間の理性と良心への信頼を再確認し、それに裏打ちされた文化を培っていく決意を込めて、新しい装丁のもとに再出発したいと思う。一冊一冊から吹き出す新風が一人でも多くの読者の許に届くこと、そして希望ある時代への想像力を豊かにかき立てることを切に願う。

（二〇〇六年四月）

岩波新書より

社会

- 不適切保育はなぜ起こるのか　普光院亜紀
- なぜ難民を受け入れるのか　橋本直子
- 罪を犯した人々を支える　藤原正範
- 女性不況サバイバル　竹信三恵子
- パリの音楽サロン　青柳いづみこ
- 持続可能な発展の話　宮永健太郎
- 皮革とブランド　変化するファッション倫理　西村祐子
- 動物がくれる力　教育、福祉、そして人生　大塚敦子
- 政治と宗教　島薗進編
- 超デジタル世界　西垣通
- 現代カタストロフ論　金子勝　児玉龍彦
- 「移民国家」としての日本　宮島喬
- 迫りくる核リスク　〈核抑止〉を解体する　吉田文彦
- 記者がひもとく「少年」事件史　川名壮志

- 中国のデジタルイノベーション　小池政就
- これからの住まい　川崎直宏
- 検察審査会　デイビッド・T・ジョンソン　平山真理　福来寛
- ドキュメント〈アメリカ世〉の沖縄　宮城修
- 東京大空襲の戦後史　栗原俊雄
- 土地は誰のものか　五十嵐敬喜
- 民俗学入門　菊地暁
- 企業と経済を読み解く小説50　佐高信
- 視覚化する味覚　久野愛
- ロボットと人間　人とは何か　石黒浩
- ジョブ型雇用社会とは何か　濱口桂一郎
- 法医学者の使命　「人の死を生かす」ために　吉田謙一
- 異文化コミュニケーション学　鳥飼玖美子
- モダン語の世界へ　山室信一
- 時代を撃つノンフィクション100　佐高信

- 労働組合とは何か　木下武男
- プライバシーという権利　宮下紘
- 地域衰退　宮﨑雅人
- 江戸問答　田中優子　松岡正剛
- 広島平和記念資料館は問いかける　志賀賢治
- コロナ後の世界を生きる　村上陽一郎編
- リスクの正体　神里達博
- 紫外線の社会史　金凡性
- 「勤労青年」の教養文化史　福間良明
- 5G　次世代移動通信規格の可能性　森川博之
- 客室乗務員の誕生　山口誠
- 「孤独な育児」のない社会へ　榊原智子
- 放送の自由　川端和治
- 社会保障再考　〈地域〉で支える　菊池馨実
- 生きのびるマンション　山岡淳一郎
- 虐待死　なぜ起きるのか、どう防ぐか　川崎二三彦
- 平成時代◆　吉見俊哉

岩波新書より

- バブル経済事件の深層　奥山俊宏・村山治
- 日本をどのような国にするか　丹羽宇一郎
- なぜ働き続けられない？ 社会と自分の力学　鹿嶋敬
- 物流危機は終わらない　首藤若菜
- 認知症フレンドリー社会　徳田雄人
- アナキズム 一丸となってバラバラに生きろ　栗原康
- 総介護社会　小竹雅子
- 賢い患者　山口育子
- 住まいで「老活」　安楽玲子
- 現代社会はどこに向かうか　見田宗介
- EVと自動運転 クルマをどう変えるか　鶴原吉郎
- ルポ 保育格差◆　小林美希
- 棋士とAI　王銘琬
- 科学者と軍事研究　池内了
- 原子力規制委員会　新藤宗幸
- 東電原発裁判　添田孝史
- 日本問答　田中優子・松岡正剛

- 日本の無戸籍者　井戸まさえ
- 〈ひとり死〉時代のお葬式とお墓　小谷みどり
- 町を住みこなす　大月敏雄
- 歩く、見る、聞く 人びとの自然再生　宮内泰介
- 対話する社会へ　暉峻淑子
- 悩みいろいろ　金子勝
- 魚と日本人 食と職の経済学　濱田武士
- ルポ 貧困女子　飯島裕子
- 鳥獣害 動物たちと、どう向きあうか　祖田修
- 科学者と戦争　池内了
- 新しい幸福論　橘木俊詔
- ブラックバイト 学生が危ない　今野晴貴
- ルポ 母子避難　吉田千亜
- 日本病 長期衰退のダイナミクス◆　金子勝・児玉龍彦
- 雇用身分社会　森岡孝二
- 生命保険とのつき合い方◆　出口治明
- ルポ にっぽんのごみ　杉本裕明

- 鈴木さんにも分かるネットの未来　川上量生
- 地域に希望あり◆　大江正章
- 世論調査とは何だろうか◆　岩本裕
- フォト・ストーリー 沖縄の70年　石川文洋
- ルポ 保育崩壊　小林美希
- 多数決を疑う 社会的選択理論とは何か　坂井豊貴
- アホウドリを追った日本人　平岡昭利
- 朝鮮と日本に生きる　金時鐘
- 被災弱者　岡田広行
- 農山村は消滅しない　小田切徳美
- 復興〈災害〉　塩崎賢明
- 「働くこと」を問い直す　山崎憲
- 原発と大津波 警告を葬った人々　添田孝史
- 縮小都市の挑戦◆　矢作弘
- 福島原発事故 被災者支援政策の欺瞞◆　日野行介
- 日本の年金◆　駒村康平
- 食と農でつなぐ 福島から◆　塩谷弘康・岩崎由美子

(2024. 8)　◆は品切，電子書籍版あり．　(D2)